hänssler

Nicht daß wir versagen ist schlimm,
sondern wenn wir über dem Versagen verzagen
und es mit Jesus nicht neu wagen.

Kurt Scherer

Umdenken und neu beginnen

Von hinderlichen und helfenden
Gottesbildern

Dr. theol. Kurt Scherer ist Pastor der evangelisch-methodistischen Kirche, stellvertretender Direktor des ERF-International (Wetzlar) und Leiter des Bereichs Seelsorge des ERF. Seine besonderen Aufgaben liegen in der Brief- und Telefonseelsorge, in Bibel- und Seelsorgefreizeiten sowie Seminaren für Konfliktbewältigung und biblische Lebensgestaltung.

Die Deutsche Bibliothek – CIP-Einheitsaufnahme

Scherer, Kurt:
Umdenken und neu beginnen : von hinderlichen und helfenden Gottesbildern / Kurt Scherer. – Neuhausen-Stuttgart : Hänssler, 1992
(Edition C : C ; 341)
ISBN 3-7751-1758-X
NE : Edition C / C

EDITION C-Paperback, C 341
Bestell-Nr. 58.041

Titelbild: »Gerhard Fries, ERF Wetzlar
Umschlaggestaltung: Heide Schnorr v. Carolsfeld
Printed in Germany

Inhalt

Vorwort

Wer kennt sie nicht, jene Gedanken, die aus unserem Inneren aufsteigen und uns beschlagnahmen wollen. Leider sind das eben nicht nur positive Vorstellungen, nicht nur Freude und Zuversicht, sondern eben auch Gedanken der Bitterkeit, des Hasses, des Neides. Gedanken sind Mächte, die sich unserer Persönlichkeit bemächtigen wollen. Sie tun ihr zerstörerisches Werk zuerst in uns selbst und wirken dann vergiftend auf unsere Umgebung. Mord, Ehebruch und Rache entspringen den Tiefen unserer Gedankenwelt und führen schließlich zu Krieg und Terror.

In einer Zeit, in der man immer gerne die Umwelt für alles Schlechte verantwortlich macht, können die folgenden Ausführungen helfen, die eigentlichen Ursachen unserer Misere klarer zu erkennen. Dennoch – es muß keiner verzweifeln. In diesem Buch schreibt ein erfahrener Seelsorger und zeigt echte Hilfen auf. Sie beginnen mit einer neuen tieferen Schau von Gott selbst. Den lebendigen Gott als unseren Vater persönlich zu kennen – der jeden Menschen liebt –, wirkt befreiend auf die Macht unserer Gedanken. Eine lebendige Beziehung zum himmlischen Vater rettet aus angst- und situationsbezogenem Denken. Da findet eine Umorientierung statt. Solch ein Mensch gewinnt neue Zuversicht. Er lernt Jesus Christus zu vertrauen, der stellvertretend die Schuld gesühnt hat; ja, »der alle unsere Gebrechen heilt« (vgl. Ps 103,3)

Einzelne Abschnitte dieses Buches entstanden anläßlich einer Mitarbeiterrüste für vollzeitliche Verkündigung im Lebenszentrum Adelshofen. Die Botschaft traf so unmittelbar das Herz der Zuhörer, daß viele das seelsorgerliche Gespräch suchten. Eine kleine Broschüre mit den

Vorträgen macht bis heute ihre Runde und wurde schon vielen zum Segen. Nun ist dieses Buch eine wertvolle Erweiterung und Vertiefung des Themas. Man kann es sicher nicht mit Distanz lesen. Es trifft persönlich und berührt wunde Punkte unseres Denkens und Lebens. Aber es zeigt auch die praktischen Schritte zur Veränderung. Die Fragebogen zum jeweiligen Kapitel helfen beim ernsthaften Nachdenken und Verarbeiten der Thematik. Die Mühe lohnt sich: das eigene Denk- und Lebenskonzept wird korrigiert. Zugleich bekommt man eine Menge wertvollen Materials an die Hand, um wiederum auch anderen seelsorgerlich weiterzuhelfen. Wie schön ist das: zuerst hilft Gott uns selbst zurecht in seiner ganz speziellen Seelsorge an uns, damit wir dann wiederum auch anderen Seelsorger sein können. Möge in diesem Sinne das Buch vielen zum Gewinn werden.

Bruder Peter Lohmann
Lebenszentrum Adelshofen

Wie Sie mit diesem Bibelkurs arbeiten

- Sehen Sie ihn als ein *Arbeitsbuch* an.
- Nehmen Sie eine *Bibel* zur Hand, um die angegebenen Bibelstellen (auch Parallelstellen) nachzulesen. Eine *Konkordanz* (alphabetisches Wortregister der Bibel) ist dabei hilfreich.
- Im *Gesangbuch* finden Sie die angeführten Lieder. Sie vertiefen die gemachten Ausführungen.
- Gönnen Sie sich die Zeit, was Sie gelesen haben, *betend* zu überdenken.
- Arbeiten Sie in diesem Buch mit *Farbstiften* (Markierern), um Aussagen, die Ihnen wichtig erscheinen, zu kennzeichnen:

rot	=	neue Erkenntnis
blau	=	Frage
schwarz	=	eigene Betroffenheit
grün	=	Anwendung für Ihr Leben

- Sie können auch mit *Zeichen* am Rand arbeiten:

!	=	neue Erkenntnis
?	=	Frage
–	=	eigene Betroffenheit
:	=	Anwendung für Ihr Leben

- Dieser Bibelkurs besteht aus *sechs Kapiteln.* Im Anschluß an jedes Kapitel finden Sie einen *Fragebogen*, mit dessen Hilfe Sie sich noch einmal mit dem zuvor Gelesenen auseinandersetzen und es vertiefen können.
- Bitte beantworten Sie die *Fragen* (entsprechend der Nummer in den Ausführungen finden Sie die dazuge-

hörende Frage im Fragebogen), und nehmen Sie sich ausreichend Zeit dazu.

- Ihre *persönlichen Überlegungen* können Sie auf der freien Seite nach jedem Kapitel festhalten.
- Sollte Ihnen etwas an den Ausführungen unklar oder sollten durch das Beschäftigen mit der Thematik andere Fragen aufgebrochen sein, vermerken Sie diese bitte an der entsprechenden Stelle, oder *schreiben Sie* sie auf ein Extrablatt. Wir sind gerne bereit, auf das einzugehen, was Sie bewegt.
  Unsere Anschrift:
  Evangeliums-Rundfunk
  Abteilung Seelsorge
  W-6330 Wetzlar 8704 Herrliberg
  Deutschland Schweiz

Nun wünschen wir Ihnen viel Freude beim Erarbeiten dieses Kurses und neue Erkenntnisse, die Ihr Leben bereichern.

Ihr
EVANGELIUMS-RUNDFUNK

Herzlichen Dank

- Ursula Schmidt, meiner Mitarbeiterin, für die Bearbeitung meiner Manuskripte und die Zusammenstellung der Fragebogen.

- Gudrun Gebhardt, meiner Mitarbeiterin, für das Korrekturlesen.

- Annegret Focken, Bibelschule Wiedenest, für konstruktive Anmerkungen.

- Lebenszentrum Adelshofen, 7519 Eppingen 2, für die Anregungen für einen Tag der Stille zum Thema: »Vom Vater geliebt«.

- allen, die den Bibelkurs vor der Drucklegung erarbeitet und so hilfreiche Hinweise zum besseren Verständnis und Erarbeiten gegeben haben.

Braunfels, im August 1991
Kurt Scherer

Kapitel 1

Gott neu schauen

Kapitel 1
Gott neu schauen

1 In diesem Kapitel wollen wir uns mit unserem »Gottesbild« beschäftigen. »Gottesbild« steht als Sammelbegriff für all jene Vorstellungen, die einem Menschen durch religiöse Erziehung im Elternhaus, in der Schule, im kirchlichen Unterricht, in Gemeinschaften und Kirchen, aber auch durch die Medien in Wort, Schrift und Bild vermittelt werden. Dies können angstmachende, krankmachende, hinderliche, lebensfeindliche Gottesvorstellungen sein, die die Lebensqualität schmälern; es können aber auch befreiende, heilende, helfende, lebensfreundliche Gottesbilder sein, die das Leben fördern und die Balance von Glaubensleben und Seelenleben ermöglichen.

In jedem Fall dient ganzheitlicher Glaube nicht nur dem ewigen Heil, sondern auch dem diesseitigen Menschen; er hat eine heilsame Wirkung auf das Seelenleben, ja sogar auf das leibliche Wohlbefinden, d.h. er hat psychosomatische Auswirkungen.

Wie ist unser »Bild«, wie ist unsere Vorstellung von Gott? Wie sehen wir ihn? Wie denken wir über ihn? Wie verhalten wir uns Gott gegenüber – aufgrund unserer Sicht von ihm?

Neben dem »richtigen«, realistischen Gottesbild, das uns die Bibel vermittelt, gibt es auch falsche Gottesbilder. Und ein falsches Gottesbild kann an Geist, Seele und Leib krank machen.

Fragen wir zunächst:
Wie kann solch ein falsches Gottesbild aussehen?

- Es zeigt sich z. B. in der einseitigen Vorstellung des nur zürnenden und strafenden Gottes
- oder in der einseitigen Vorstellung des nur nachsichtigen und liebenden Gottes.

Die Bibel zeigt jedoch auf, daß wir es sowohl mit dem zürnenden und strafenden als auch mit dem nachsichtigen und liebenden Gott zu tun haben. »Wen der Herr lieb hat, den weist er zurecht er« (Hebr 12,6).

2 Wie kann ein falsches Gottesbild entstehen?

2.1 Durch »falsche«, d.h. einseitige Verkündigung. Folgende Aussagen verdeutlichen das:
– »Mit Jesus bist du nie mehr einsam.« – Doch!
Wer mit Jesus lebt, ist zwar nicht mehr allein (Mt 28,20), aber einsam kann er trotzdem sein.

– »Bei Jesus bist du immer fröhlich.« – Das entspricht nicht der Wahrheit! Auch unter Christen gibt es viele Depressive, viele vom Schmerz Geplagte und von Kummer und Trauer Bedrückte.

– »Jesus löst alle deine Probleme.« – Auch das stimmt nicht! Jesus kann Probleme lösen, ganz gewiß. Er kann aber auch meine Einstellung dazu ändern. Er kann mir die Kraft geben, meine Probleme zu tragen und zu ertragen. Ja, er kann sogar wollen, daß ich an den Problemen reife, und deswegen läßt er sie mir (2. Kor 12,9).

Noch ein letzter Satz, der fragwürdig erscheint:
»Jesus gibt Antwort auf alle Fragen.« – Nein, auch das

trifft nicht zu! Es gibt im Leben vieler Nachfolger Jesu unbeantwortete Fragen.

2.2 Ein falsches Gottesbild kann auch entstehen durch falsch verstandene Verkündigung.

- Z. B. versteht jemand den Satz falsch: »Ist jemand in Christus, so ist er eine neue Kreatur; das Alte ist vergangen, siehe, es ist alles neu geworden« (2. Kor 5,17; Luther 1912).

  Es ist eben nicht »alles neu geworden«, sondern eine neue Schöpfung hat *begonnen*. Man ist Christ geworden durch Bekehrung und Wiedergeburt und muß doch erst im Alltag lernen, wirklich Christ zu werden (Joh 1,12), d.h. seiner hohen Berufung – Kind Gottes zu sein – entsprechend zu leben. Das ist aber etwas anderes, als wenn »alles neu geworden« ist. (Joh 1,12)

- Oder ein anderer Satz wird mißverstanden: »Jesus heilte sie alle« (Mt 12,15). Ja, er heilte die, die man in der geschilderten Situation zu ihm brachte, aber er heilte doch nicht alle Kranken zur damaligen Zeit in Palästina. Es gilt auch, Krankheit anzunehmen und mit ihr leben zu lernen.

- Oder: »Wer in ihm (Gott) bleibt, der sündigt nicht« (1. Joh 3,6). Ja, in Jesus Christus sind wir sündlos vor Gott. Und doch werden wir, solange wir auf dieser Erde leben, sündigen, obwohl wir durch den Tod Jesu auch vom Zwang, sündigen zu müssen, erlöst worden sind.

- Noch ein letztes Beispiel für falsch verstandene Verkündigung: Manche meinen, »vergeben« sei gleichzusetzen mit »vergessen«. Wieviel Krampf entsteht durch

solches Denken. Vergeben ja, denn dazu fordert die Bibel uns auf; vergessen jedoch kann, muß aber nicht sein. Wer es trotzdem zwingen will, wird nicht selten seelisch krank.
Nur von Gott heißt es, daß er unserer Sünden nimmermehr gedenken will (Jer 31,34).

2.3 Ein falsches Gottesbild kann auch entstehen durch eine falsche christliche Erziehung.

- Wenn Eltern (oder ein Elternteil) durch ihr Reden und Verhalten ein falsches Bild von Gott vermitteln: z.B. den nur strafenden, angstmachenden, moralisierenden, fordernden, gesetzlichen, miesmachenden Gott (z.B. mit den Worten: »Denk immer dran: Gott sieht es und straft dich!«).
  Dabei gehören beide Seiten, Gehorsam *und* Liebe, zum biblischen Gottesbild.
- Oder wenn durch pseudofromme Erziehung eine Lebens-, Liebes- und Leibesfeindlichkeit vermittelt wird (z.B. »Das tut ein Christ doch nicht!«).
  Die Sexualität ist aber eine gute Gabe Gottes, sein Geschenk an den Menschen.
- Oder wenn aus falsch verstandener Liebe – gut gemeint und daher oft falsch – dem Kind alle Belastungen und Entscheidungen abgenommen werden (z.B. »Das ist zu schwer für dich. Laß mich das mal machen«).
  Dadurch wird im Kind eine überhöhte Erwartungshaltung gegenüber Gott (und Menschen) gefördert, die es – weil es nicht gelernt hat, an Belastungen zu reifen – lebensuntüchtig macht.

3 Sehr schnell entsteht aufgrund falscher und falsch verstandener Verkündigung sowie falscher christlicher Erziehung Angst.

3.1 So z.B. die Angst vor dem Versagen: »Ich bin nicht gut genug, genüge nicht den Ansprüchen, bin zu nichts zu gebrauchen!«

Hinter diesem Denken kann die negative Erfahrung stecken, daß ein solcher Mensch als Kind immer wieder zu hören bekam: »Du bist nichts, du kannst nichts, aus dir wird nichts!« Die Folge ist ein gestörtes Selbstwertgefühl und oft auch ein ständiger Zwang zur Leistung, sogar bis hinein in das Denken: »Auch zu meiner Bekehrung muß ich noch etwas dazuleisten.« Viele bekehren sich daher immer wieder neu, weil sie meinen, das letzte Mal habe noch nicht ausgereicht.

3.2 Oder die Angst, nicht geliebt zu werden: »Ich kann nicht glauben, daß Gott mich liebt. Warum sollte er gerade mich lieben? Außerdem mache ich immer wieder Fehler und versage.« – Ein solches Denken führt in die Resignation. Im Leben dessen, der so denkt, gibt es oft große Defizite an menschlicher Zuwendung und Liebe. Es besteht die Gefahr, daß dieser Mensch des Lebens müde – lebensmüde – wird.

3.3 Da ist auch die Angst, keine Vergebung zu bekommen: »Ich kann doch nicht immer aus Gottes Vergebung leben. Einmal wird es soweit sein, daß er mir nicht mehr vergibt.« – Solches Denken resultiert aus der Erfahrung, daß im zwischenmenschlichen Bereich keine echte Vergebung praktiziert wurde. Da wurde eine »Strichliste« geführt und Versagen aufgerechnet. So konnte keine Entlastung stattfinden, sondern ständig quälte ein schlechtes Gewissen!

3.4 Diese Ängste können dazu führen, daß ein Mensch unfähig ist,

- zu lieben und sich lieben zu lassen,
- zu vertrauen und sich anzuvertrauen,
- Vergebung anzunehmen und auszuteilen,
- Beziehungen aufzubauen und zu beenden,
- Belastungen zu tragen und zu bewältigen,
- Entscheidungen zu treffen und warten zu können,
- sich zu freuen und Freude zu bereiten,
- Verantwortung zu übernehmen und abzugeben.

Und nicht selten entstehen dadurch psychosomatische Erkrankungen, indem der Leib zum Austragungsort der seelischen Konflikte wird.

4 Seelsorgerliche Hilfen

4.1 Das seelsorgerliche Gespräch hat zunächst das Ziel, Einsichten in die Zusammenhänge zu vermitteln, also aufzudecken, was zum falschen Gottesbild und den damit zusammenhängenden seelischen Schäden geführt hat. Dabei können auch die Erkenntnisse der Humanwissenschaften in ihrer dienenden Funktion herangezogen werden. Dazu sind von Seiten des Seelsorgers notwendig:

- Liebe (1. Kor 13), damit er den Ratsuchenden annehmen kann, wie er ist,
- das nötige Sachwissen
- und nicht zuletzt auch die Bitte um Weisheit (Jak 1,5), um Zusammenhänge zu erhellen und zu verstehen und um das Rechte zur rechten Zeit sagen und tun zu können.

4.2 Dann wird es darum gehen, ein neues Bild von Gott aufzubauen. Und das geschieht

- durch eine umfassende Bibelarbeit. Gottes Wort macht nicht krank!
- durch intensives Gespräch mit Gott, das ebenso ein Herzausschütten wie ein Sich-Öffnen für den Einfluß des Heiligen Geistes ist.

Beim Vermitteln des neuen Gottesbildes geht es dann darum, deutlich zu machen, daß Gott eben nicht nur der zürnende und strafende Gott ist, sondern auch der nachsichtige und liebende, ja, der gerechte. Und als solcher hat er uns in Jesus Christus mit sich selbst versöhnt (2. Kor 5,17-20). Nun ist das Gesetz von Schuld und Strafe für uns durchbrochen, denn »... die Strafe liegt auf ihm (Jesus), auf daß wir Frieden hätten« (Jes 53,5). Obwohl strafwürdig, ergeht für uns jetzt Gnade im Recht (Röm 8,1). Ich kann also alle Versuche einstellen, mich selbst vor Gott richtig zu machen; auch alle Ängste aufgeben, ich wäre vor Gott nicht richtig. In Jesus Christus bin ich Gott recht, bin ich als »begnadigter Sünder« gerechtfertigt. Das zu akzeptieren ist echte, gottgewollte Selbstannahme (Lk 18,13).

Wer dies für sich persönlich in Anspruch nimmt, gewinnt nicht nur ein neues Gottesbild, sondern erhält auch eine neue Gottesbeziehung, die ein neues Selbstwertgefühl vermittelt.

Wer das Wissen:

Gott liebt mich – Gott vergibt mir – Gott hat mich angenommen – Gott ist für mich – Gott kennt mich – Gott achtet mich wert – Gott hat mich begabt – Gott bejaht mich – Gott ruft mich beim Namen – Gott führt mich ... (Jes 43)

in sein Denken aufnimmt und durch Danken vertieft und verinnerlicht, leitet einen Gesundungsprozeß der seelischen Schäden ein, so daß innere Heilung geschehen kann, die ihre Auswirkung auf Leib, Seele und Geist nach sich zieht.

4.3 Gott macht dies allerdings nicht ohne mich und auch nicht an mir vorbei. Meine Mitarbeit ist gefragt, wenn das neue Bild von Gott und auch von mir selbst entstehen soll, das der Sicht der Bibel entspricht.

Heil – Heiligung – Heilung stehen in einem inneren gesetzmäßigen Zusammenhang.

Diese Mitarbeit sieht so aus, daß ich bereit bin,

- mich von meinem alten Denken (Sprechen und Verhalten) zu distanzieren, es loszulassen,
- umzudenken, d. h. Buße zu tun,
- ein neues Denken (Sprechen und Verhalten) einzuüben.

Konkret:

- Ich werde schuldig (Mt 18,21-35),
  aber Gott vergibt mir;
  daher kann ich mir und auch anderen vergeben
  (Mt 6,12)!
- Ich bin nie gut genug (Röm 7,18),
  aber Gott hat mich angenommen, wie ich bin;
  daher kann ich mich und auch andere annehmen
  (Jes 43,1; Ps 139,14)!
- Ich bin ein Versager (Joh 21,15-17),
  aber bei Gott bin ich keine Null, sondern wertgeachtet;
  daher kann ich mich und auch andere wertachten
  (Jes 43,4; Phil 2,3)!
- Ich habe ein Liebesdefizit in meinem Leben,
  aber Gott – (der mich zuerst liebt) – füllt es auch
  (1. Joh 4,19);
  daher kann ich mich und auch andere lieben (Mt 22,39)!

»**Aber** Gott ...!« Aus diesem Gottvertrauen erwächst

- gottgewolltes Selbstvertrauen, und daraus reift
- gottgewollte Selbstverwirklichung im Sinne des Pau-

luswortes: »Ich lebe, doch nun nicht ich, sondern Christus lebt in mir« (Gal 2,20).

Solches Umdenken ist nicht vergeblich. Es bringt eine neue Lebensqualität hervor: sinnvolles und damit reiches Leben (Joh 10,10)!

5 Wie dieses »**Aber** Gott ...!« in einem Menschenleben zum Tragen kommen kann, so daß Lebensveränderung eintritt, bezeugen zwei junge Leute:

> »Ich hatte das Glück, Kind bewußt christlicher Eltern zu sein. Biblische Geschichten, übrigens sehr spannende, ersetzten das Fernsehen, aber auch weitgehend Märchenbücher und sogenannte weltliche Literatur.
>
> Von Herzen dankbar bin ich meinen Eltern, daß sie mich Gehorsam gelehrt haben, zumal immer schon deutlich wurde, daß auch sie dem himmlischen Vater gehorchen wollten.
>
> Die ersten Schwierigkeiten bekam ich dann im Kindergarten. Zu gerne hätte auch ich mit dem beliebteren Spielzeug gespielt, aber irgendjemand nahm es mir immer weg. Ich sagte meiner Oma davon, die mir dann erzählte, was der Herr Jesus seine Jünger in der Bergpredigt gelehrt hatte. Matthäus 5,39.40: ›Ich aber sage euch, daß ihr nicht widerstreben sollt dem Übel, sondern wenn dir jemand einen Streich gibt auf deine rechte Backe, dem biete die andere auch dar. Und wenn jemand mit dir rechten will und deinen Rock nehmen, dem laß auch deinen Mantel.‹ – ›Wenn dir also jemand die kleinen Bauklötze nimmt, dem laß auch die großen, denn du möchtest doch auch

dem lieben Heiland gehören und in den Himmel kommen.‹

Nun hatte die Erzieherin damals eine sehr große, kaum überschaubare Gruppe. Wurde der Lärm zu stark, so befahl sie allen, fünf Minuten still zu sitzen, anschließend dürfe man dann weiterspielen. Allerdings hob sie das Sprechverbot nie auf, niemals wurde das Ende der fünf Minuten angekündigt. Nach und nach spielten alle wieder, nur ich saß still und wartete bis zum Schluß des Vormittags, weil wir doch eigentlich noch nicht sprechen durften.

Meiner Mutter fiel es schwer, mich täglich weinend und traurig im Kindergarten abzuliefern, jedoch meinte sie, ich müßte mich doch irgendwann in eine Gruppe einfügen. Jahre später, als ich in der Schule gut zurechtkam, sagte die Erzieherin meiner Mutter, daß sie mich immer für geistesgestört gehalten habe, weil ich so selten spielte. In der Schule fühlte ich mich dann wohl; dort mußten alle stillsitzen, außerdem bekam man noch Interessantes zu hören.

Einmal wöchentlich ging ich zur Kinderstunde. Dort erfuhr ich die Passionsgeschichte erstmals ganz ausführlich. Es bewegte mich tief, was unser Herr alles erleiden mußte wegen unserer Sünde. Ich setzte noch mehr meinen ganzen Eifer und Ehrgeiz daran, um so zu leben, daß ich von mir aus vor Gott recht wäre. Wegen mir dürfte das Kreuz nicht nötig gewesen sein! Als ich elf Jahre alt war, fand in meinem Heimatort eine Evangelisation statt. Ich nahm abends mit meinen Eltern an den Veranstaltungen teil. Dabei wurde mir klar, daß ich trotz aller Mühe vor Gott schuldig war durch schlechte Gedanken über andere, Ehrgeiz und Stolz.

Jedoch stand die Leidensgeschichte Jesu vor meinen Augen, und diese wollte ich einfach nicht mitverschuldet haben. So erweiterte ich meine guten Vorsätze und strengte mich fernerhin an, es Gott recht zu machen.

Im nächsten Jahr erging es mir bei einer Evangelisation im Nachbarort ähnlich. Erst nach der dritten Evangelisation schaffte ich es in der Folgezeit nicht mehr, mein erwachtes Gewissen zu beruhigen. Dazu trugen auch die Lieder von Michael Hahn bei, die daheim nach jeder Mahlzeit gelesen wurden. Aus Angst vor dem Lied konnte ich fast nichts mehr essen. Bibelkundig wie ich war, dachte ich immer an die Stelle, in der es heißt, daß Gott zwei- oder dreimal im Leben eines Menschen ruft, danach aber die Gnade verscherzt sei. Wie oft hatte er mich schon gerufen! Allmählich wurde mir meine Heuchelei unerträglich. Nach außen spielte ich das fromme, brave Kind, und innerlich kam ich mir schlimmer als der größte Verbrecher vor. Die einzige Erleichterung, die ich mir noch denken konnte, war, da ich ja sowieso in die Hölle kam, gleich dorthin zu gehen und meinem Leben ein Ende zu setzen, so könnte ich wenigstens zeigen, wer ich bin. Als ich daheim von der Bühne in die Scheune hinabspringen wollte, kam mir der Gedanke, es doch erst noch zu versuchen, ob der Herr Jesus mich wirklich nicht mehr annimmt. Anschließend könnte ich das Vorhaben immer noch ausführen. So kniete ich an meinem Bett nieder und bekannte meine Schuld. Tiefer Friede und

Gewißheit der Vergebung wurden mir zuteil, und ich konnte endlich danken für Jesu Leiden am Kreuz. Es war einfach herrlich, vor Gott und Menschen nichts mehr verstecken zu müssen.
Nun bemühte ich mich, in der Heiligung voranzukommen. Weitere bittere Enttäuschungen über mich selbst, insbesondere während der Pubertät, waren die Folge. Fünf bis sechs Jahre später erfaßte ich erst das Gleichnis vom Weinstock und den Reben, daß es nämlich nur darauf ankommt, ganz nahe bei unserem Herrn zu bleiben, der selbst unsere Heiligung ist.
Die Erkenntnis, daß er uns unendlich liebt, hat mich nicht fauler und bequemer werden lassen, sondern beglückt und befähigt, davon weiterzusagen.«

»1961 wurde ich als Jüngste von vier Kindern geboren. Ich wuchs sehr behütet auf und hatte vor allem meine Geschwister als Spielpartner. Nach dem Tod meiner Mutter im Sommer 1971 ging ich zunächst noch ein Jahr zu Hause zur Schule, kam dann aber 1972 in ein Internat. Mein Vater hatte, als meine Mutter noch lebte, nichts mit uns Kindern zu tun. Bevor er abends heimkam, hatten wir schon gegessen und waren auf dem Weg ins Bett. So mußte er erst einmal seine eigenen Kinder kennenlernen, wozu ihm als selbständigem Unternehmer aber nicht allzuviel Zeit blieb.

Im Internat fiel es mir sehr schwer, richtig Anschluß zu finden, und so kapselte ich mich immer mehr ab. Meine Kontaktlosigkeit verbarg ich dadurch vor mir, daß ich stolz darauf war, mit niemandem über mich, meine Probleme, mein Leben reden zu müssen. So lernte ich es nicht, mich anderen mitzuteilen, aber auch nicht, Kritik anzunehmen. Deshalb versuchte ich, möglichst nicht aufzufallen, war eine gute Schülerin und achtete hauptsächlich darauf, das zu tun, was meine Umgebung von mir erwartete. Für mich war zum Beispiel klar, daß mein Vater erwartete, daß ich am Wochenende heimfuhr, statt zu einer Freundin zu fahren, obwohl er das nie sagte und ich wahrscheinlich nur Angst davor hatte zu fragen und das Wochenende in einer fremden Umgebung zu verbringen.

In der 12. Klasse erfuhr ich auf einer Freizeit zum ersten Mal, wer Jesus Christus wirklich ist und daß er mich liebt. Ich spürte, daß er für mich eine Perspektive und ein Halt auch über die Schulzeit hinaus sein könnte. Ich begann im Internat in der Bibel zu lesen und schloß mich recht lose unserer neugegründeten Jugendgruppe an. Zu Hause hatte ich nicht den Mut, über diese Begegnung mit Jesus Christus zu reden, weil ich Angst hatte, ausgelacht zu werden oder einfach nicht auf Verständnis zu stoßen. So begann ich ein Doppelleben zu führen. Im Internat und auch in meiner Anfangszeit in Stuttgart ging ich regelmäßig in die Kirche, zu Gebetstreffen und religiösen Veranstaltungen, zu Hause fehlte mir der Mut, dies alles ebenfalls zu tun.

Am Ende der 13. Klasse nahm ich an einer Wochenendfreizeit teil, wo auch die Möglichkeit zu einer Lebensübergabe gegeben war. Zu diesem

Zeitpunkt hatte ich noch nicht begriffen, daß Gott mich heilen will, daß er allein mir die Angst vor den Menschen nehmen kann – und so ging ich von diesem Wochenende heim mit der Ansicht, daß ich mich noch ändern müsse, bevor ich Gott mein Leben übergeben kann.

Nach dem Abitur begann ich ein Studium. Von Anfang an hielt ich Ausschau nach einer Gruppe lebendiger Christen. So lernte ich dann recht bald einen Kreis kennen, aber es fiel mir recht schwer, mich in der großen Gruppe junger Menschen zurechtzufinden. Ich war fast zwei Jahre hinweg Besucher und Konsument dieser Jugendarbeit. Im Sommer 1983 nahm ich das erste Mal an einem Urlaub mit anderen Jugendlichen teil, wobei ich zu Hause vorher meinen ersten Kampf mit mir und meiner Familie ausfocht. Von diesem Zeitpunkt an ging ich zu Hause sonntags in die Kirche und erzählte auch ab und zu von Veranstaltungen der Jugendgruppe.

Allmählich wurde mir klar, daß mein Verhältnis zu meinem Vater und zu meinen Geschwistern nicht in Ordnung war, aber – vielleicht aus Angst vor Konsequenzen – ich wich diesen Gedanken aus. Im Herbst 1984 nahm ich an einer Fastenfreizeit teil, zu der ich mit dem Ziel hinging, mich Gott gerade in der Frage meiner Familie zu stellen. Ich freute mich richtig auf diese Tage, weil sie für mich eine Zeit bedeuteten, in der ich mich ganz Gott und seiner heilenden Liebe aussetzen wollte. Und ich wurde reich beschenkt in diesen Tagen. Ich lernte, daß Gott in meinem Leben entscheiden will und nicht die Angst und daß ich deshalb Entscheidungen treffen muß und nicht warten darf, bis jemand anderes für mich entscheidet. Auch habe ich erfahren, daß Gott mich geschaffen hat und mich so annimmt, wie ich bin. Er allein kann und will mich heilen, und ich darf voll Zuversicht an seiner Hand lernen. Konkret haben sich diese Erfahrungen darin ausgewirkt, daß ich im Umgang mit anderen schon freier geworden bin und langsam lerne, mich an Gesprächen zu beteiligen oder meine Meinung für wichtig zu erachten. Aber ich muß noch viel lernen und freue mich, daß ich dabei nie alleine bin, denn Jesus führt mich und geht mir voran.«

6 Anregungen für einen Tag der Stille zum Thema »Vom Vater geliebt«, der dabei helfen kann, Gott besser kennenzulernen, ihn neu schauen zu können, finden Sie unter Punkt 6 des folgenden Fragebogens.

Fragebogen zu Kapitel 1
Gott neu schauen

a) Welche falschen Gottesbilder kennen Sie?

b) Welche Vorstellung von Gott haben Sie selbst?

c) Was sagt die Bibel über Gott aus? Suchen Sie passende Bibelstellen dazu!

Zum Bedenken (Aussprüche Martin Luthers über Gott, die sein Gottesbild widerspiegeln):
»Gott zum Freund haben, ist ja tröstlicher, denn aller Welt Freundschaft haben.«
»Gott ist ein glühender Backofen voller Liebe, der von der Erde bis an den Himmel reicht.«
»Die Barmherzigkeit Gottes ist wie der Himmel, der stets über uns fest bleibt. Unter diesem Dach sind wir sicher, wo auch immer wir sind.«
»Niemand kann Gott loben, er habe ihn denn zuvor lieb.«

»Man kann Gott nicht allein mit Arbeit dienen, sondern auch mit Feiern und Ruhen.«

2.1 a) Was können Ursachen für die Entstehung eines falschen Gottesbildes sein?

b) Welche anderen Aussagen als die hier genannten können bei einseitiger Verkündigung das Gottesbild ebenfalls falsch prägen?

c) Worauf gründet sich Ihre Gottesvorstellung?

2.2 a) Kennen Sie noch weitere Bibelstellen, die falsch verstanden werden können?

b) Welche Bibelstellen haben Sie selbst bisher falsch verstanden?

2.3 a) Wieso kann auch durch eine falsche christliche Erziehung ein falsches Gottesbild vermittelt werden?

b) Welche seelischen Schäden können dadurch entstehen?

c) Wie könnten Sie jemand helfen, der nicht gelernt hat, an Belastungen und Schwierigkeiten zu reifen?

d) Können Sie Ihre Sexualität als gute Gabe Gottes annehmen?

Wenn nicht, wo liegen Schwierigkeiten?

3.1-3 Kennen Sie selbst eine der hier beschriebenen Ängste? Wenn ja, welche?

3.4 a) Wenn Sie die obige Frage mit »ja« beantwortet haben, gibt es in Ihrem Leben dann auch eine/einige der hier aufgeführten Folgen (»Unfähigkeiten«)? Welche?

Wenn Sie darüber »sprechen« möchten oder Fragen dazu haben, können Sie uns hier gerne mehr darüber wissen lassen.

4.1 Welches Ziel sollte ein seelsorgerliches Gespräch haben, in dem es um die Korrektur eines falschen Gottesbildes geht?

4.2 a) Wie kann ein neues Bild von Gott aufgebaut werden?

b) Worum geht es beim Vermitteln eines neuen Gottesbildes?

c) Können Sie bei der Frage nach Ihrer Gottesbeziehung diese Aussagen: Gott liebt mich – Gott vergibt mir – Gott hat mich angenommen usw. – als für Sie persönlich geltend bejahen, oder steht dem etwas im Wege?

4.3 a) Wenn Sie erkannt haben, daß Sie Ihr bisheriges Gottesbild korrigieren müssen, sind Sie dann in der Weise, wie es unter b) aufgeführt ist, zur »Mitarbeit« bereit?

b) Und was wollen Sie künftig besonders beachten?

Zum Bedenken die hier aufgeführten Bibelstellen. Was ist Ihnen an diesen Aussagen wichtig geworden?

Mt 18,21-35; Mt 6,12:

Röm 7,18.19; Jes 43,1; Ps 139,14:

Joh 21,15-17; Jes 43,4; Phil 2,3:

1. Joh 4,19; Mt 22,39:

____

____

c) Können Sie diese »Ich werde (bin), aber ...«-Sätze für sich persönlich annehmen? ______________
Wenn nicht, wobei haben Sie Schwierigkeiten?

____

____

____

____

d) Können Sie aufgrund dieses »**Aber** Gott ...« mit Paulus zusammen sagen: »Ich lebe, doch nun nicht ich, sondern Christus lebt in mir«? ____________
Wenn nicht, warum nicht?

____

____

____

____

5. Wenn Sie möchten, können Sie hier berichten, wie dieses »**aber** Gott ...« in Ihrem Leben zum Tragen kam, so daß eine Lebensveränderung eingetreten ist.

____

____

____

____

6. Anregungen für einen Tag der Stille zum Thema »Vom Vater geliebt«. Ein solcher Tag, ein solches Sich-Besinnen auf Gott, kann ganz konkret helfen, Gott besser kennenzulernen, ihn neu zu schauen.

Vom Vater geliebt

Bei diesem »Stillen Tag« treten wir in der Stille mit unserem Leben vor Gott. Wir möchten Gott »schauen«, ihn vielleicht ganz neu schauen und ihn in unser Leben hineinsprechen lassen, wie *er* will.

Er redet, wir hören.

Was wir dazu brauchen:

Ein hörbereites Herz – den Entschluß, vor Gott auszuharren – Bibel – Notizheft und Schreibzeug – Liederbuch – einen stillen Ort.

1 Die schöpferische Vaterliebe Gottes

Sie sind ein Original Gottes, ein Beweis seiner Vaterliebe, die er Ihnen ganz persönlich erwiesen hat, denn er hat Sie geschaffen.

1.1 Sie sind Gott nachgebildet

Was sagen die folgenden Bibelstellen darüber aus?

1. Mose 1,27:

____

____

____

Ps 8,6:

____

____

____

Ps 139, 13-16:

____

____

____

1.2 Die höchste Berufung. Sie sind für Gott erschaffen Schreiben Sie dazu die Kernaussagen folgender Verse heraus.

Röm 11,36:

Kol 1,16c:

Offb 4,11:

1.3 Nehmen Sie sich Zeit, Gott für seine Liebe zu Ihnen zu danken. Beten Sie ihn an, geben Sie ihm die Ehre (im Gebet, durch Lieder, durch ein Gedicht etc.).

1.4 Worüber freuen Sie sich an dem Leben, das Gott Ihnen geschenkt hat?

Was fällt Ihnen schwer, an Ihrem Leben anzunehmen (Aussehen, Schwächen, Krankheit, Körpergröße, Gaben, Fähigkeiten, Entwicklung, unehelich geboren...?)

1.5 Sie dürfen sich annehmen, weil Gott Sie so – und nicht anders – gewollt hat. Fragen Sie sich:

* Wo muß ich meine verneinende Haltung als Sünde (Rebellion gegen Gott) bekennen?

* Welche Gebiete meines Lebens nehme ich nun im Glauben bewußt dankbar aus Gottes Vaterhand an?

2 Die rettende und heilende Vaterliebe Gottes

Gottes Vaterliebe gilt allen. Jeder kann sie empfangen, ob er selbst als Kind geliebt wurde oder nicht; ob er selbst eine schwere oder sonnige Lebensführung hatte. Diese Liebe kann auch das verschlossendste Herz durchströmen.

2.1 Gottes Liebe bringt die Rettung von der Verlorenheit. Durch Gottes Liebe ist Ihre Rettung aus der Macht der Sünde möglich.
Joh 3,16; 1,29; 10, 17.18; 15,9; 16,27; 17,23; 19,30
Was haben Ihnen diese Bibelstellen persönlich zu sagen?

Jes 1,18:

Jer 31,3:

Apg 4,12:

Röm 5,8; 8,35:

1. Joh 3,1.16; 4,8:

* Danken Sie Gott für die bedingungslose Retterliebe (Röm 3,24).
* Wo haben Sie Gottes vergebende Liebe in der vergangenen Woche erfahren?

2.2 Die heilende Vaterliebe

Dadurch, daß wir uns Jesus unterstellten, ist unser Leben noch nicht in allen Bereichen geheilt. Doch der Vater im Himmel möchte Heilung geben. Was verheißt er uns hier?

Mt 11,28:

____

____

____

1. Petr 1,18f:

____

____

____

Ps 103,3:

____

____

____

Jes 43,18.19:

____

____

____

2. Kor 3,18:

____

____

____

2. Kor 5,17:

____

____

____

2.3 Heilung kann geschehen, wo die Wunde gereinigt wird.

* Wo weiß ich um Wunden in meinem Leben, die mir zu schaffen machen (Zurückweisung von Eltern oder Geschwistern, zerbrochene Verhältnisse, schwere Erlebnisse, Ängste, Minderwertigkeitsgefühle, ungerechte Behandlung, Bloßstellung, Demütigung, Verspottung, zu Handlungen gezwungen, sexuelle Erfahrungen...)?

Schreiben Sie alles auf und bringen Sie es Jesus.

____

____

____

____

____

____

____

____

* Wo Sie gesündigt haben, bitten Sie um Vergebung und nehmen Sie sie im Glauben an.

* Wo andere Menschen an Ihnen schuldig wurden, tragen Sie ihnen ihre Schuld nicht mehr nach und geben Sie sie bei Jesus ab. Vergeben Sie bewußt in jedem einzelnen Fall. Ihnen ist vergeben, so teilen Sie auch Vergebung aus!

(Eine große Hilfe ist auch das seelsorgerliche Gespräch. Die drückende Macht des Verheimlichten wird gebrochen. Entscheidungen werden greifbar. Zuspruch und Hilfe stärken.)

* Bleiben Sie in der Liebe des Vaters.

Sie dürfen gewiß sein: Es ist Ihnen alles vergeben

(Röm 5,5; 2. Petr 1,3). Fliehen Sie nicht mehr in das Selbstmitleid und die Selbstbezogenheit, wodurch Gottes Geist betrübt wird. Genesen Sie, indem Sie allein durch Gottes Vaterliebe überwältigt werden.

* Richten Sie Ihre Gedanken und Ihr Gebet dabei auf Gottes Wesen und auf die verschiedenen Eigenschaften seines Vaterherzens. Beten Sie ihn an, sprechen Sie mit ihm, singen Sie mit ihm Lieder und denken Sie an ihn; denken Sie an seine Treue, seine Heiligkeit, sein Mitleid, seine Barmherzigkeit und an seine Vergebung.

* Nehmen Sie eine Haltung der Anbetung ein. Anbetung ist eine wichtige Grundlage, um sich die Liebe des Vaters persönlich anzueignen. Anbetung führt uns in die Gegenwart Gottes. Sie ist das Mittel, das uns von Selbstmitleid und Depressionen befreien kann.

* Lernen Sie Bibelstellen oder Lieder auswendig. Sie können sie als »Waffen« gebrauchen, um gegen Einsamkeit und Entmutigung anzukämpfen.

* Nehmen Sie sich Zeit und beten Sie Gott an über seiner Vaterliebe. Preisen Sie ihn, daß seine Liebe Ihre Wunden heilt (beten Sie konkret). Seine Liebe zu empfangen ist das Ergebnis unserer Gemeinschaft mit ihm.

* Wem sollen Sie diese Liebe weitergeben? Lesen Sie zunächst folgende Bibelstellen und notieren Sie sich konkrete Situationen. Eph 5,2; Joh 13,35; 1. Joh 5,1

3 Die führende Vaterliebe Gottes

3.1 Gott leitet die Zeitgeschichte und unser Leben in seiner Liebe.
Schreiben Sie den Inhalt folgender Bibelstellen nieder:

1. Mose 21,2:

____

____

____

Ps 5,9:

____

____

____

Jes 43,4:

____

____

____

Dan 2,21:

____

____

____

Apg 17,26:

____

____

____

* An welche Gottesführungen in Ihrem Leben können Sie sich erinnern?

* Danken Sie Gott dafür.

3.2 Gott benutzt verschiedene Wege, um uns zu führen. Doch immer steht dahinter seine Vaterliebe – auch wenn er uns zurechtweist. Welche Wege gebraucht Gott?

5. Mose 8,1-5:

1. Kor 11,32:

2. Kor 6,9:

Hebr 12,6-11:

Offb 3,19:

* Umschreiben Sie »Zurechtweisungen« mit Ihren Worten. Wie geschieht es?

* Warum ist auch dies ein Zeichen der Liebe Gottes?

* Wo erlebten Sie dies in Ihrem Leben? Können Sie heute Gottes Liebe darin erkennen und annehmen?

3.3 Vorblick

* Welche Anforderungen kommen in nächster Zeit auf Sie zu?

* Welche Entschlüsse wollen Sie im Glauben fassen?

* Welche Ermutigung nehmen Sie aus diesem Stillen Tag mit?

* In wieweit haben Sie Gott neu »schauen« können? Was ist Ihnen neu bewußt geworden?

Quelle:
Für Gesprächsgruppen können weitere Exemplare dieses Bibelstudiums bei uns angefordert, bzw. beliebig vervielfältigt werden.
Lebenszentrum Adelshofen – 7519 Eppingen 2

Persönliche Überlegungen

Abschlußfrage:

Was ist Ihnen in diesem Kapitel wichtig geworden?

Kapitel 2

»Dein Wille geschehe«

Kapitel 2
»Dein Wille geschehe«

1 »Dein Wille geschehe« – Diese Bitte aus dem »Vaterunser« (es ist eine der drei Bitten zur Verherrlichung Gottes) soll uns in diesem Kapitel beschäftigen.

1.1 Man wird dieser Bitte nicht gerecht, wenn man sie nur auf ein leidendes Dulden des göttlichen Willens bezieht. Auch das Geschehen von Gethsemane (Mk 14,32-42) kann man nicht als Beleg dafür ansehen, dabei würde man dieses Gebet mißverstehen. Jesus fügt sich dort nicht willenlos in etwas Unabänderliches, sondern erfüllt ganz bewußt und willentlich den Willen Gottes: Er geht ans Kreuz und führt damit den Willen des Vaters aus, der ihn gesandt hat.

Der Wille Gottes will getan sein.

1.2 Im Sprachgebrauch des Alten Testamentes und in Jesu eigener Sprache heißt »Gottes Wille« soviel wie »Gottes Wohlgefallen«. Auch das griechische Wort für »Wille« entspricht dem hebräischen Wort für »Wohlgefallen«. Das, was Gott gefällt, geschieht durch Jesus und durch ihn an den Seinen. Und auch seine Nachfolger sollen es so sehen, erkennen, verstehen und tun – also *zu Gottes Wohlgefallen leben!*

1.3 »Dein Wille geschehe« kann also letztlich nur beten, wer voll Vertrauen spricht: »Vater unser im Himmel«, wer durch Jesus Christus eine personale Beziehung zu Gott hat, wer aufrichtig darum bemüht ist, daß diese Verbindung von Liebe und Gehorsam geprägt ist. Für ihn gilt: »geheiligt werde dein Name, dein Reich komme!« Es ist demnach entscheidend, aus welcher *Gesinnung* heraus gebetet wird: »Dein Wille geschehe!«

2 Mag sein, daß manche an dieser Stelle einige *Bedenken* haben.

2.1 Vielleicht sprechen wir die Worte »Dein Wille geschehe« im Ton äußerster Resignation, dem anzuhören ist, daß wir sie nicht aus freien Stücken sagen, sondern weil wir nicht umhin können zuzugeben, daß uns nichts anderes übrigbleibt; weil wir uns damit abgefunden haben, daß es sinnlos ist, »mit dem Kopf durch die Wand zu wollen«; weil wir daran denken, daß wir dem Zugriff Gottes nicht entrinnen können.

Achtung: Es geht nicht um fromme Resignation, um »christlichen Fatalismus«.
Vielmehr ist gemeint: Gottes Wille geschehe in meinem Leben, und er geschehe auch durch mich im Leben.

2.2 Vielleicht sagen wir »Dein Wille geschehe« im Ton bitteren Grolls aufgrund der vielen Enttäuschungen, weil unsere Gebete nicht erhört wurden, unsere Erwartungen keine Erfüllung fanden. Die Warums und Wozus machen uns unendlich zu schaffen, auch die leidvollen Erfahrungen. Alle Anstrengungen, aus der Situation herauszukommen, sie zu verändern, sind gescheitert.

Achtung: Es geht nicht um Groll und Bitterkeit, nicht um unerhörte Gebete und enttäuschte Erwartungen.
Nicht im Aufbegehren liegt Antwort; nicht

Aggression läßt im Glauben wachsen und reifen!

Vielmehr gilt: Gott erhört unsere Gebete, erfüllt unsere Erwartungen, wenn es für uns zuträglich ist.

Und: Im Ja zum Willen Gottes liegt die Kraft zum Überwinden!

2.3 Vielleicht denken wir »Dein Wille geschehe« aus Angst, die uns von Gott zugewiesene Eigenverantwortung nicht wahrnehmen zu können, »seinen Plan mit unserem Leben zu zerstören.«

Achtung: Wir sind keine Marionetten. Gott schreibt uns nicht ab, wenn wir Umwege, Irrwege, falsche Wege gehen, in Sackgassen kommen.

Vielmehr trifft zu: Wir dürfen und können umkehren auf den Weg des Lebens. Es gibt Vergebung!

(Unter Punkt 5 wollen wir uns ausführlich mit dem Satz »Gott hat einen Plan für dein Leben« beschäftigen.)

2.4 Der Wille Gottes ist kein unbestimmtes Schicksal, nicht Ausdruck für all die dunklen und undurchsichtigen Mächte, die wir nicht verstehen. Gott hat einen guten Willen über unserem Leben. Es ist ein sehr bestimmter und dem Beter nicht unbekannter Wille, denn Gott will

- daß »allen Menschen geholfen werde und sie zur Erkenntnis der Wahrheit kommen« (1. Tim 2,4);
- daß wir »Leben und volle Genüge haben sollen« (Joh 10,10);
- daß wir »Gottes Wort halten und Liebe üben und demütig sind« vor unserem Gott (Mi 6,8);
- daß wir an Jesus glauben, denn Jesus lehrt den Willen

Gottes (Mt 17,5; Joh 4,34);
Jesus verwirklicht den Willen Gottes (Joh 5,30; 6,38f);
Jesus hilft uns, den Willen Gottes zu tun (Mt 7,21; Mk 3,35; Joh 7,17; 9,31).

- daß wir ein Leben der Heiligung führen (1. Thess 4,3; Hebr 12,14)

3 Hilfen, wie wir Gottes Willen in unserem Leben erkennen können

3.1 Während der allgemeine Wille Gottes für alle der gleiche ist, hat Gott für den einzelnen seinen bestimmten Willen/Weg. Darin besteht die Weisheit (Jak 1,5), diesen besonderen Willen Gottes für das eigene Leben zu erkennen und darin zu wandeln.

3.2 Die Bereitschaft, sich von Gott führen zu lassen, seinen Eigenwillen aufzugeben, ist die wesentliche Voraussetzung, daß sich Gottes Wille in unserem Leben erfüllt (Ps 23,3; 27,11; 32,8; 86,11).

3.3 Wir haben den Heiligen Geist empfangen, als wir gläubig wurden, stehen daher unter seiner Leitung; unser Denken ist erneuert, und wir können prüfen und ausführen, was Gott will: das Gute, ihm Wohlgefällige und Vollkommene (Röm 12,2).

3.4 Führung vollzieht sich immer im Zusammenwirken verschiedener Faktoren. Dabei wird einmal dieser, ein andermal jener Punkt in den Vordergrund rücken:

1. Gott zeigt uns den rechten Weg durch sein *Wort* (Ps 119,105). Je besser wir die Bibel kennen (persönliche Bibellese, Predigt, Lehre), um so klarer werden wir

Gottes Willen erkennen, um so klarer werden unsere Entscheidungen sein.

Achtung: Gottes Wort ist kein Orakel!

2. Gott leitet uns in alle Wahrheit durch seinen *Heiligen Geist*, verwehrt Wege oder macht ihrer gewiß (Apg 16,6.7; Joh 16,13). Diese Erkenntnis gilt es nicht in der Überzeugung des eigenen Herzens zu suchen, auch nicht im Gefühl.

   Achtung: Eingebungen prüfen!

3. Gott läßt uns seinen Willen erkennen durch *Brüder und Schwestern* (Apg 9,10-12. 17-19; 13,1-3). Ihre Bestätigung, aber auch ihr Abraten wollen bedacht sein.

   Achtung: Eigenwilligkeit!

4. Gott offenbart uns seinen Willen im *Gebet* (Apg 11,15). Darum brauchen wir viel Zeit zum Gespräch mit ihm. Auch die Gebetsgemeinschaft führt beim Fragen nach Gottes Willen weiter (Apg 1,24; Kol 4,3).

   Achtung: Nicht erst beten, wenn man »nur noch« beten kann!

5. Gott gebraucht auch unseren *Verstand*, um uns seinen Willen zu zeigen (2. Tim 2,7; Phil 4,8). Manchmal können uns Glaubenswege »unvernünftig« erscheinen und sind doch nicht »absurd«. Wesentlich ist, daß wir um Erleuchtung unseres Verstandes durch den Heiligen Geist bitten (Eph 1,17.18; Jak 1,5).

   Achtung: Nicht für alles eine besondere Offenbarung erwarten!

6. Gott redet auch durch *äußere Umstände* (z.B. Krankheit, Schwierigkeiten, Ereignisse, Ermutigungen) zu uns (1. Kor 16,9; 2. Kor 2,12). Dabei ist eine »geöffnete« bzw. »geschlossene« Tür wegweisend (Offb 3,8).

   Achtung: Nicht mit dem Kopf durch die Wand!

7. Gott antwortet auch mit *Zeichen* auf die Frage nach seinem Willen (Ri 6,36f; 2. Kön 20,8-11). Das können positive wie negative Erfahrungen sein (Apg 1,26). Der schwere Weg ist nicht immer der richtige!
   Achtung: Nicht für alles besondere Zeichen erwarten!
8. Gott kann in einzelnen Fällen seinen Willen auch durch einen *Traum* oder eine *Vision* deutlich machen (Mt 1,20; 2,13.19f; Apg 16,9). Die Prüfung am Wort durch die Geschwister ist unbedingt notwendig.
   Achtung: Wunschträume!
9. Gott erwartet *Gehorsamsschritte* (Mt 8,22; Mk 10,21; Lk 5,6). Die Entscheidung fällt, wenn ich nachfolge und das Nächstliegende tue. Der zweite Schritt folgt nach dem ersten.
   Achtung: Sicherheitsstreben!
10. Gott schenkt uns auch *Freiheit*, zwischen mehreren Wegen zu entscheiden (z. B. Partnerwahl, Berufswahl, Wohnungswahl). Er legt uns nicht grundsätzlich fest im Detail (1. Thess 5,21; 1.Kor 10,30; 1. Tim 4,3.4).
    Achtung: Gott hat mit jedem seine Geschichte!

3.5 Diese Hinweise sind kein Patentrezept mit umgehender Erfolgsgarantie zum Erkennen des Willens Gottes. Es kann durchaus geschehen, daß Gott uns eine Zeit der Ungewißheit und Unsicherheit zumutet, in der man nicht sieht, wie es weitergeht. Wenn wir also nicht klarsehen, dann heißt es: *Warten*! (Hebr 10,35.36).

Und wenn wir nicht mehr warten können, weil die Umstände eine Entscheidung fordern, dann entscheiden wir nach bestem Wissen und Gewissen. Dann kann unsere Bitte sein: »Herr, mein Gott, du siehst mein Herz, du kennst meine Motive. Wenn ich falsch entschieden habe, zeige es mir bitte so frühzeitig, daß ich wenig Schaden anrichte. Korrigiere mich ›gnädig‹« (Ps 139,23.24). – Gott wird den Gerechten nicht ewiglich in Unruhe lassen (Ps 37,5; 55,23).

4 Gedankenanstöße zum weiteren Überlegen:

Beantworten Sie bitte die folgenden Anstöße zum Nachdenken im Fragebogenteil zu diesem Kapitel.

1. Bin ich der bisherigen Führung, die Gott mir bereits gegeben hat, gehorsam gewesen? (Lk 18,22)
2. Bin ich bereit, meine Wünsche und meinen Willen dem Willen Gottes unterzuordnen? (Mt 22,37)
3. Neige ich dazu, Gottes Führung durch meinen Verstand zu begrenzen? (Spr 3,5)
4. Habe ich den Zeitpunkt für mein Handeln gemäß Gottes Zeitplan gewählt? (Joh 4,4)
5. Bin ich in Gefahr, mehr tun zu wollen, als ich nach Gottes Absicht tun sollte? (Lk 10,38-42)
6. Kann ich, was ich vorhabe, im Namen Jesu tun? (Kol 3,17)
7. Steht Gottes Sache bei meiner Entscheidung an erster Stelle? (Mt 6,33)
8. Kann ich meine Motive und mein Tun auch vor Menschen offen darlegen? (Apg 5,1-11)
9. Kann ich in dieser Situation Gott zum Zeugen anrufen? (Röm 1,9)
10. Bin ich bereit, Gott in dieser Lebenslage unter die Augen zu treten? (1. Joh 2,28).
11. Füge ich meinem Geist, meiner Seele, meinem Leib Schaden zu? (1. Kor 6,19; Lk 12,19.20, 1. Thess 5,23)
12. Bin ich meinem Bruder/meiner Schwester ein Anstoß? (Röm 15,1)

13. Hindert mein Verhalten einen ungläubigen Menschen auf dem Weg zu Jesus? (Eph 5,15; Kol 4,5)

5 Heilsplan – Heilsweg – Lebensweg

Immer wieder kann man hören – auch in Liedern kommt es zum Ausdruck: »Gott hat einen Plan mit deinem Leben.« Das heißt doch dann: Gott hat mich festgelegt – denn »Plan« ist ja etwas Statisches –; und wenn ich nicht folge, zerstöre ich seinen Plan mit meinem Leben. Aus solchem Denken ist schon viel leidvolle, von Angst geprägte, mit schlechtem Gewissen belastete, verkrampfte Jesusnachfolge entstanden.

Ein Beispiel: Eine Frau kommt während einer Freizeit zur Seelsorge. Sie spricht von ihrer Angst. Im Laufe des Gesprächs erzählt sie aus ihrem Leben. Sie war Diakonisse. Aus verschiedenen Gründen ist sie ausgetreten, hat geheiratet, einen lieben Mann bekommen, prachtvolle, gesunde Kinder, ein Familienleben ohne Schwierigkeiten – und ist doch voller Angst, voll quälender Gedanken, gequält auch von einem schlechten Gewissen: »Ich habe den Plan Gottes mit meinem Leben zerstört. Ich hatte eine Berufung. Ich bin dieser Berufung untreu geworden. Ich habe den Plan Gottes mit meinem Leben zerstört. Immer muß ich daran denken, und das trübt all das Glück, die Freude, die eigentlich mein Leben bestimmen müßte.«

Liest man die Bibel einmal unter dem Aspekt: »Wie ist das denn mit dem Plan Gottes im Hinblick auf die individuelle Führung eines Menschen« – so stößt man im Alten und im Neuen Testament auf folgende Zusammenhänge:

Gott hat mit der Welt einen *Heilsplan*, nach welchem die Erlösung der Menschheit und das Reich Gottes zustande kommt. Dieser Heilsplan ist von Gott schon vor

Grundlegung der Welt gefaßt worden (Eph 1,3-11). Er hat feststehende Stationen, die Gott sich von niemandem verrücken läßt (z.B. Erwählung Abrahams und Israels; Berufung der Propheten; Menschwerdung des Sohnes Gottes, sein Sterben, seine Auferstehung, seine Himmelfahrt; Pfingsten; das 1. und 2. Wiederkommen Jesu; der neue Himmel und die neue Erde). Der Vermittler und Vollender dieses Heilsplanes ist Jesus Christus, der Mensch gewordene Gottessohn. Seine Person steht deshalb im Mittelpunkt der Bibel. Zu Jesus hin führen alle Wege des Alten Testaments und von Jesus aus gehen alle Wege des Neuen Testaments (Joh 5,39). Erst durch diese Zusammenschau kann man den ganzen Heilsplan Gottes recht verstehen.

Dann ist festzustellen: Innerhalb des Heilsplanes gibt es den *Heilsweg*. Vielleicht kennen Sie den Satz: »Es gibt *viele* Wege zu Jesus, aber es gibt nur *einen* Weg zu Gott.« Sehr oft stehen wir in Gefahr zu denken, es gäbe auch nur einen Weg zu Jesus. Nein, es gibt viele Wege zu Jesus. Aber es gibt nur einen Weg zu Gott, und das ist dieser Jesus, der sagt: »Ich bin der Weg, die Wahrheit und das Leben; niemand kommt zum Vater denn durch mich« (Joh 14,6).

Wir müssen uns immer wieder bewußtmachen: Gott hat mit jedem Menschen seine Geschichte; er führt jeden individuell. Und wenn Gott den einen nun so führt, heißt das also nicht, daß er den andern genauso führen müßte.

Es gibt also den *Heilsplan* und es gibt den *Heilsweg*, und innerhalb dieses Heilsweges gibt es den persönlichen *Lebensweg*. Es ist interessant, noch einmal neu über den Begriff »Weg« nachzudenken. Wenn man im Zeitalter der Apostel vom Christentum sprach, sagte man: »Der Weg« und von den Christen: »Die des Weges sind« (Apg 9,2; 24,14). Das geschah entsprechend dem alttestamentlichen

Sprachgebrauch und bedeutete: eine Lebensführung nach den Geboten Gottes, einen Wandel nach einer ganz bestimmten Ordnung, eben dem Heilsweg. Psalm 119 macht das sehr deutlich. Wenn dort vom Weg gesprochen wird, vom Wandel, dann ist es immer im engen Zusammenhang mit dem Halten der Gebote Gottes. Wandel ist Gehorsam. Der Heilsweg ist immer verbunden mit der Lebensführung und zwar der Lebensführung nach den Geboten Gottes.

Das folgende Bild kann helfen (auch wenn jedes Bild »hinkt« und nicht in allen Punkten übertragen werden kann), die Unterschiede von Heilsplan, Heilsweg und Lebensweg deutlich zu machen.

Anstelle des Heilsplanes kann man einen Stadtplan setzen – einen Stadtplan, in dem die Straßen festgelegt sind. Der Heilsweg ist personifiziert in Jesus Christus als dem Führer, dem Stadtführer. Und für den persönlichen Lebensweg gilt: Gott hat uns nicht festgelegt als Marionetten, so daß er die Fäden zieht und wir uns entsprechend zu bewegen und zu verhalten haben, sondern Gottes Liebe entläßt uns in die Freiheit der Kinder Gottes, inklusive Eigenverantwortung, wobei er uns allerdings anbietet: »Ich übernehme die letzte Verantwortung; also bleib' in Kontakt mit mir. Ich will dein Führer sein!«

Halte ich mich nun an den Führer, kann ich – in Verbindung mit ihm – auch auf verschiedenen Wegen zum Ziel kommen, das heißt, manchmal kann ich mich zwischen verschiedenen Möglichkeiten – Wegen – entscheiden. Ich bin nicht immer auf nur einen Weg festgelegt, aber: alles Entscheidend muß in Absprache mit dem Führer geschehen.

Halte ich mich jedoch nicht an den Führer, muß ich Irrwege, Umwege, falsche Wege, ja sogar Sackgassen in

Kauf nehmen. Ich komme vom rechten Weg ab. Damit zerstöre ich aber keineswegs den Heilsplan Gottes mit meinem Leben. Eine weitere Nachfolge ist damit nicht unmöglich gemacht. Wesentlich ist, wenn ich mich »verfahren« habe, wenn ich ohne Absprache mit ihm einen Weg gegangen bin, daß ich das erkenne, vor Gott bekenne, um Vergebung bitte, umkehre und mich neu an Jesus Christus orientiere. Dazu hilft mir Gottes Wort und Geist (Ps 119,105). Weitere Hilfen können sein: Gebet, Gemeinschaft, Abendmahl (Apg 2,42).

Wer diese Hilfen in Anspruch nimmt und umkehrt, erfährt:

- Ich kann auf den Weg des Lebens zurückkommen, wie z.B. der verlorene Sohn. In der Fremde erkennt er, nachdem alles verloren und verfahren ist: Ich habe große Fehler gemacht, so kann es nicht weitergehen. Er schämt sich und bereut seine Fehler, und er setzt seinen Willensentschluß, seinen Vater um Vergebung zu bitten, heimzukehren, in die Tat um. Er vertraut dem Vater und macht sich gehorsam auf den Heimweg und erfährt: Mein Vater vergibt mir. Ich darf neu anfangen (Lk 15,11-32).
- Auch wenn ich die Konsequenzen für meinen Ungehorsam zu tragen habe, ist keineswegs meine Beziehung zum Führer gestört. Hierfür ist der Prophet Elia ein Beispiel, der eigenwillig in die Wüste weggelaufen ist und dort am Leben verzweifeln will. Doch im Gespräch mit Gott, in der Stille vor Gott erkennt er seinen Ungehorsam und begibt sich aufgrund der Weisung Gottes wieder ins Leben zurück. Obwohl ihm Gott vergibt und ihn auch neu beauftragt, hat er seinen Nachfolger ins Amt zu berufen – hat also die Konsequenzen zu tragen (1. Kön 19,1-18).

– Gott kommt mit seiner Gnade und Barmherzigkeit ans Ziel, trotz meiner falschen Wege, wenn ich einsichtig werde. Denken wir an Israel mit seinen falschen Wegen, Irrwegen, Umwegen, ja auch Sackgassen. 40 Jahre zog es wegen seines Ungehorsams kreuz und quer durch's Land, ehe es ins gelobte Land durfte. Und doch fällt es in der letzten Konsequenz nicht aus der Führung Gottes. Selbst wo Gottes Zorn über das Volk kommt, bleibt sein Wort bestehen: »Ich habe dich je und je geliebt!« (Jer 31,3). Und es läßt sich wieder in die Gemeinschaft mit seinem Gott auf den Weg des Lebens rufen.

Falsche Wege, Irrwege, Sackgassen sind letztlich eine Einladung, heimzukehren, wieder auf den rechten Weg, auf den Weg zum Leben zu finden. Je tiefer unser Vertrauen, je tiefer unser Kennenlernen des Führers Jesus Christus ist, desto lieber kehren wir um, wenn wir in eigenwilliger Weise den falschen Weg unter die Füße genommen haben. Und um so freudiger lernen wir, uns neu an Gottes Wort zu orientieren (1. Johannesbrief).

Zusammenfassend kann man sagen:

Wir sind als Nachfolger Jesu keine Marionetten. Nein! Gottes Liebe entläßt uns in die Freiheit der Kinder Gottes. In eigener Verantwortung dürfen, sollen und können wir unser Leben gestalten. Eigene Verantwortung meint aber nicht Eigenwilligkeit – die führt in die Irre –, sondern Gemeinschaft mit dem, der der Weg, die Wahrheit und das Leben ist, Jesus Christus. Er führt zum Ziel (Ps 23,3; Joh 14,6)

Fragebogen zu Kapitel 2
»Dein Wille geschehe«

1.1 a) Welche Bitte der Jünger hat als Antwort das »Vaterunser« ausgelöst? (Lk 11,1ff)

b) Versuchen Sie, kurz zu beschreiben, was die drei ersten Bitten des »Vaterunsers«, in denen es um die Verherrlichung Gottes geht, für Sie bedeuten.

c) Warum wird man der Bitte »Dein Wille geschehe« nicht gerecht, wenn man sie nur auf ein leidendes Erdulden des göttlichen Willens bezieht?

Zum Bedenken: Mt 7,21; Mk 3,35; Joh 4,34; 5,30; 6,38

1.2 Was heißt »Gottes Wille« im alttestamentlichen Sprachgebrauch? Umschreiben Sie dies mit Ihren Worten.

Zum Bedenken: Mt 11,26; Lk 2,14; Röm 12,1.2.; Hebr 13,20.21

1.3 In welcher Gesinnung sollte »Dein Wille geschehe« gebetet werden?

2.1-3 a) Wann – in welchen Situationen Ihres Lebens – haben Sie aus Resignation heraus gebetet »Dein Wille geschehe«?

b) Und in welchen Situationen geschah dieses Gebet mehr aus Groll und Bitterkeit oder auch aus Angst heraus?

c) Wie sind Sie aus diesen negativen Haltungen herausgekommen, um diese Bitte mit ganzem Herzen an *Ihren* himmlischen *Vater* richten zu können?

____

____

____

____

Zum Mitbeten:

Dein Wille geschehe
Herr, mein Gott, als es mir gut ging, kam es leicht über meine Lippen:
»Dein Wille geschehe!« Doch dann kamen Stunden, da ging es mir dreckig.
Schlag auf Schlag kam, ich wußte nicht mehr aus noch ein.
Da blieb mir das Bekenntnis »Dein Wille geschehe« fast im Halse stecken.

Herr, mein Gott, es lag mir dann viel näher aufzubegehren:
»Muß das denn sein?« Alles sträubte sich gegen DEINE Führung.
Es kam mir in den Sinn: Das kann doch nicht DEINE Liebe sein!
Zugleich aber kam auch der andere Gedanke in mein Herz:
»Herr, mein Gott, vergib mir, Du hast mich doch lieb!«
Auch wenn ich DEIN Handeln mit mir nicht verstehe,
es muß doch DEINE Liebe sein.

Dieses Wissen begann mein aufgewühltes Herz zu beruhigen.

Herr, mein Gott, ich bitte Dich:
»Lehre mich bekennen mit dem Herzen, nicht nur mit dem Mund:
DEIN Wille geschehe, nicht wie ich will!«
Nur so komme ich zum Einklang mit DEINEM Willen.
Herr, mein Gott, wende mein Herz DIR ganz zu.
Weiß ich mich in DIR geborgen, weiß ich auch:
DU führst mich dennoch recht, auch wenn ich DEINE Wege nicht verstehe.
Täglich will ich DICH bitten: DEIN Wille geschehe, wenn es mir gut geht;
DEIN Wille geschehe, wenn es mir dreckig geht!
Denn DU bist bei mir, auf allen meinen Wegen gehst DU mit.
DU führst mich, auch wenn ich das Ziel nicht sehe!
Ich vertraue DIR, DU bringst mich durch die Zeiten!

(Aus: Kurt Scherer, Mein Gott, mein Gott, warum ...?)

2.4 Bitte lesen Sie die im Textteil genannten Bibelstellen über das, was Gott *will*, nach und versuchen Sie dann, sich bewußtzumachen, was das für Sie persönlich bedeutet:
... daß alle Menschen zur Erkenntnis der Wahrheit kommen sollen:

____

____

____

... daß wir Leben und volle Genüge haben sollen:

... daß wir Gottes Wort halten und Liebe üben und demütig sein sollen vor unserem Gott:

... daß wir an Jesus glauben sollen und er uns hilft, den Willen Gottes zu tun:

... daß wir ein Leben der Heiligung führen sollen:

Zum Bedenken:
»›Dein Wille geschehe wie im Himmel, also auch auf Erden.‹
Was ist das?
Gottes guter, gnädiger Wille geschieht wohl ohne unser Gebet; aber wir bitten in diesem Gebet, daß er auch bei uns geschehe.
Wie geschieht das?
Wenn Gott allen bösen Rat und Willen bricht und hindert, so uns den Namen Gottes nicht heiligen und sein Reich nicht kommen lassen wollen, als da ist des Teufels, der Welt und unseres Fleisches Wille;

sondern stärket und behält uns fest in seinem Wort und Glauben bis an unser Ende. Das ist sein gnädiger, guter Wille« (Martin Luther, Kleiner Katechismus).

»Hilf, daß wir und alle Menschen unserm eigenen Willen absagen und deinem allein guten Willen ohne jeden Widerspruch gehorchen, so daß jeder sein Amt und seinen Beruf so willig und treu erfülle wie die Engel im Himmel« (Heidelberger Katechismus, Frage 124).

3.1 a) Haben Sie das in Ihrem Leben schon erfahren, daß Gott für Sie einen ganz bestimmten Weg/Willen hatte, der nicht allgemein gültig war für alle Christen, sondern nur für Sie Gültigkeit hatte?

____

____

____

b) Wie haben Sie diesen besonderen Willen Gottes für sich erkannt?

____

____

____

3.2 Welche Voraussetzungen gilt es zu beachten, damit sich Gottes Wille in unserem Leben erfüllt?

____

____

____

Zum Bedenken:
»Wie Gott mich führt, so will ich gehn, ohn alles Eigenwählen. Geschieht, was er mir ausersehn, wird mir's an keinem fehlen. Wie Gott mich führt, so geh ich mit und folge willig Schritt für Schritt in kindlichem Vertrauen.
Wie Gott mich führt, so geb ich mich in seinen Vaterwillen; scheint's der Vernunft gleich wunderlich, sein Rat wird doch erfüllen, was er in Liebe hat bedacht, eh' er mich an das Licht gebracht. Ich bin ja nicht mein eigen.«

Lambert Gedicke

»Mein Wille gehört meinem Gott, ich traue auf Jesus allein«.

(Dora Rappard nach W. F. Crafts)

3.3 a) Welche Ausrüstung haben wir bekommen, um prüfen und ausführen zu können, was Gott will?

____

____

____

b) Suchen Sie Bibelstellen, die Aufschluß darüber geben, daß der Heilige Geist uns leitet, führt usw.

____

____

____

____

3.4 a) Bitte nehmen Sie sich Zeit, um über die im Textteil auf den Seiten 53, 54 und 55 aufgeführten zehn Punkte nachzudenken und die genannten Bibelstellen nachzulesen.

Was ist Ihnen dabei wichtig geworden?

Zu 1.

Zu 2.

Zu 3.

Zu 4.

Zu 5.

Zu 6.

Zu 7.

Zu 8.

Zu 9.

Zu 10.

Zum Bedenken:
»Gottes Führung fordert Stille. Wo der Fluß noch selber rauscht, wird des ewgen Vaters Wille mit der eignen Wahl vertauscht.
Göttliche und innre Dinge lassen vollends gar nicht zu, daß man sie mit Sturm bezwinge, sondern weisen uns zur Ruh.«

Nikolaus Graf von Zinzendorf

»Woher weiß ich, was du willst, wenn ich mich entscheiden muß? Menschen raten mir so viel, Hilfen gibt's im Überfluß. Refr: Du versprichst: Ich will dich mit meinen Augen leiten! Du bist da und umgibst mich von allen Seiten.
Woher weiß ich, was du willst in der Hetze dieser Zeit? Laß mich lernen, still zu sein, mach zum Hören mich bereit. Refr.
Woher weiß ich, was du willst? Dafür gabst du mir dein Wort. Danke, daß du zu mir sprichst, meinen Weg erkenn' ich dort. Refr.
Woher weiß ich, was du willst? Deinem Wort vertraue ich. Ich will tun, was du mir sagst, falsche Pläne, Herr, zerbrich. Refr.«

(Textdichter unbekannt)

b) Auf welche Art und Weise haben Sie schon die Führung Gottes erlebt, oder womit hatten bzw. haben Sie Schwierigkeiten?

3.5 a) Vielleicht stehen Sie gerade in einer »Warte«-Situation? Wenn Sie uns mitteilen möchten, um welche Entscheidungen es geht, so ist hier Gelegenheit dazu:

Zum Bedenken:
Oft ist keine Antwort auch eine Antwort;
dann heißt es warten.

»Vor dir verschlossene Türen. Unmöglichkeiten, dunkle Wände – bei Gott aber Licht, heilige Pläne der Liebe und des Friedens. Warte nur! Glaube, daß sich Gottes Gedanken viel mehr mit deinen Angelegenheiten beschäftigen als du selbst.«

(Hedwig von Redern)

b) Wie kann man vorgehen, wenn wir nicht mehr warten können, weil die Umstände eine Entscheidung fordern?

____

____

____

____

4 a) Gedankenanstöße zum weiteren Überlegen, die Sie in Ihrer Stillen Zeit vor Gott und mit ihm bedenken sollten. (Bitte lesen Sie auch die jeweils angegebenen Bibelstellen.)

1. Bin ich der bisherigen Führung, die Gott mir bereits gegeben hat, gehorsam gewesen? (Lk 18,22) ________
(Wenn nicht, wann und warum nicht?)

____

____

____

2. Bin ich bereit, meine Wünsche und meinen Willen dem Willen Gottes unterzuordnen? (Mt 22,37) ________

(Wenn nicht, an welchen Wünschen möchte ich festhalten?)

____

____

____

3. Neige ich dazu, Gottes Führung durch meinen Verstand zu begrenzen? (Spr 3,5) ____________
(Welche verstandesmäßigen Grenzen sind mir bewußt geworden?)

4. Habe ich den Zeitpunkt für mein Handeln gemäß Gottes Zeitplan gewählt? (Joh 4,4) ______________
(Was hat mir dabei geholfen bzw. was könnte mir helfen?)

5. Bin ich in Gefahr, mehr tun zu wollen, als ich nach Gottes Absicht tun sollte? (Lk 10,38-42) ______________
(Welche Motivation steckt dahinter?)

6. Kann ich, was ich vorhabe, im Namen Jesu tun? (Kol 3,17) ______________
(Was heißt für mich, etwas »im Namen Jesu« zu tun?)

7. Steht Gottes Sache bei meiner Entscheidung an erster Stelle? (Mt 6,33) ______________
(Was will sich statt dessen bei mir oft an die erste Stelle setzen?)

8. Kann ich meine Motive und mein Tun auch vor Menschen offen darlegen? (Apg 5,1-11) __________
(Was hindert mich evtl. daran?)

____

____

____

9. Kann ich in dieser Situation Gott zum Zeugen anrufen? (Röm 1,9) ____________________
(Was heißt das konkret für mich?)

____

____

____

10. Bin ich bereit, Gott in dieser Lebenslage unter die Augen zu treten? (1. Joh 2,28) ____________
(Wenn nicht: Warum scheue ich den »Blickkontakt«?)

____

____

____

11. Füge ich meinem Geist, meiner Seele, meinem Leib Schaden zu? (1. Kor 6,19; Lk 12,19.20; 1. Thess 5,23) ______________________
(Was würde statt dessen meinem Geist, meiner Seele, meinem Leib gut tun?)

____

____

____

12. Bin ich meinem Bruder/meiner Schwester ein Anstoß? (Röm 15,1) ____________________

(Wenn ja: in welcher Hinsicht?)

13. Hindert mein Verhalten einen ungläubigen Menschen auf dem Weg zu Jesus? (Eph 5,15; Kol 4,5) ___

(Was sollte ich ggf. an meinem Verhalten ändern?)

b) Haben Sie evtl. Fragen zu diesen Gedankenanstößen?

5 a) Worin besteht der »Heilsplan« Gottes?

b) Und was ist unter dem »Heilsweg« zu verstehen?

c) Wie haben Sie den Weg zum Heil – zu Gott, zu Christus – gefunden?

d) In welcher Hinsicht haben Sie vielleicht selbst schon gedacht, den »Plan Gottes« mit Ihrem Leben durch eigene Wege zerstört zu haben?

e) Welche neuen Einsichten haben Ihnen diese Gedanken über »Heilsplan – Heilsweg – Lebensweg« vermittelt?

Persönliche Überlegungen

Abschlußfrage:

Was nehmen Sie nach der Beschäftigung mit der Thematik »Dein Wille geschehe« an Gedankenanstößen mit in Ihren Alltag?

Kapitel 3

Angst - und situationsbezogenes Denken

Kapitel 3
Angst- und situationsbezogenenes Denken

1 *Sorgenvolles Denken ist eine zerstörende Macht.*

Verzagtheit und Entmutigung können zu Depressionen führen. Dunkle, trübe Grübeleien bringen Angstzustände. Sorgen verzerren jede klare, realistische Sicht. Man sieht die Wirklichkeit nicht mehr objektiv, sondern verzerrt. Neid, Bitterkeit und Eifersucht vergiften die zwischenmenschlichen Beziehungen. Vorurteile verhindern eine freie, unbekümmerte Begegnung mit anderen. Es bleiben auch viele in einer Meinung über sich selbst stecken, die nicht der Wirklichkeit entspricht.

> Säe einen Gedanken und du erntest eine Tat;
> säe eine Tat und du erntest eine Gewohnheit;
> säe eine Gewohnheit und du erntest eine Haltung;
> säe eine Haltung und du erntest einen Charakter;
> säe einen Charakter und du erntest ein Lebensschicksal. (Altes chinesisches Sprichwort)
>
> Was der Mensch sät, das wird er ernten. (Gal 6,7)

2 Einige der häufigsten negativen Gedankenfolgen, die uns begegnen und die Sie vielleicht auch bei sich entdekken, werden im folgenden genannt.

2.1 Das Alles-oder-Nichts-Denken und die übertriebenen Verallgemeinerungen

Es gibt Menschen, die nur schwarz-weiß sehen. Man hat einmal versagt, wurde einmal den Erwartungen, die man entweder an sich selbst stellte oder die von anderen an uns herangetragen wurden, nicht gerecht. Und jetzt wird man ständig von Selbstzweifeln gequält. Was man auch tut, genügt den eigenen Ansprüchen nicht mehr; man hält sich für einen Versager.

Es mag sein, daß da eine Planung, eine Aktion schief gelaufen ist – und man wirft sich ständig vor: »Ich bin eine Niete.« Damit tue ich meiner eigenen Persönlichkeit weh, ich demütige mich selbst. Hier liegt mit ein Anlaß für viel verkrampftes Christsein.

Oder man hat eine schlechte Erfahrung gemacht. Ein Mädchen hat bei einem Rendezvous eine Absage bekommen, oder ein junger Mann hat sich zum wievielten Male wegen eines Arbeitsplatzes vorgestellt. Dann zieht man den Schluß daraus: »Mit mir wird sich kein junger Mann mehr treffen«, oder: »Ich werde nie mehr einen Arbeitsplatz bekommen.« Das sind übertriebene Verallgemeinerungen, die uns »kaputtmachen«.

2.2 Die falsche Brille, die automatischen Abwertungen und die voreiligen Schlußfolgerungen

Es gibt Menschen, die erleben den negativen Teil einer Situation so prägend, daß sie sich nur bei dieser negativen Erfahrung aufhalten. Es ist so, als trügen sie eine Brille, die nur das Negative sichtbar macht. Und so leben sie sich in eine Lebenshaltung hinein, die nur negativ folgert. Mancher Christ stuft sich als Mensch zweiter Klasse ein und wertet sich automatisch ab, indem er denkt: Alle anderen werden mehr geliebt; alle anderen sehen besser aus; alle anderen haben mehr Fähigkeiten; alle anderen haben ein besseres Elternhaus usw.

Aufgrund von voreiligen Schlußfolgerungen ohne

Überprüfung nimmt man an, daß andere auf einen herabsehen. Oder man sieht im Hinblick auf die Zukunft nur Unheil, aber alles ohne Begründung. Es ist ein Denken, das gefangen ist in Vermutungen.

2.3 Die Vergrößerung und Verkleinerung

Je nachdem von welcher Seite man durchs Fernglas schaut, verändern sich die Proportionen – von der einen Seite sieht man die Dinge übergroß, von der anderen werden sie verkleinert. Gerade im Hinblick auf die eigenen Unvollkommenheiten sieht man oft von der vergrößernden Seite durchs Fernglas; denkt man hingegen über seine Stärken nach, schaut man durch die verkleinernde Seite. Man übertreibt oder untertreibt – dabei ist beides für einen Christen von Übel, Hochmut wie falsche Demut, weil es die Wirklichkeit verzerrt. Letzteres scheint noch »gefährlicher« zu sein, weil man dann oft noch hochmütig und stolz auf seine demütige Selbsteinschätzung wird.

2.4 Die Gefühlsurteile

Diese Not begegnet uns oft bei depressiven Menschen. Man fühlt sich schuldig und schließt daraus: Also muß ich etwas Schlimmes getan haben. Das Gefühl wird zum Beweismittel für die Richtigkeit des negativen Gedankens.

Da ist eine Frau, depressiv und sehr sensibel, immer fühlt sie sich schuldig, ob es in menschlichen Beziehungen schwierig ist und sie gestört sind oder auch im Hinblick auf ihre Beziehung zu Gott: Sie hat immer das Gefühl, es liege an ihr, sie habe sich falsch verhalten, sie sei schuld. Und weil sie ihre negativen Gefühle für Realität hält, lebt sie ständig mit starken Selbstvorwürfen, die sie nur noch depressiver machen.

2.5 Die Müßte-Erklärungen

»Ich müßte dies tun, ich müßte das tun.« Das sind Beispiele einer Denkart, die eher Schuldgefühle auslöst, als daß sie ermutigt, etwas zu tun. Wie oft ist die Jesusnachfolge von diesem »Ich müßte dies tun, ich müßte das tun« geprägt. Aber: »*Ich muß*« muß nicht sein!

Folgendes Gebet am Morgen kann da eine Hilfe sein: »Herr, segne mein Tun und mein Lassen an diesem Tag! Ich möchte tun, was ich als deinen Willen erkannt habe. Ich bin dir verantwortlich und will mich nicht aus meiner Verantwortung schleichen, aber ich will mir doch bewußtmachen: Du trägst die letzte Verantwortung für mein Leben.«

Interessante Literatur zur kognitiven Therapie:

- W. Backus und M. Chapian, Befreiende Wahrheit.
- Harriet B. Braiker, Wie Selbstgespräche unser Verhalten leiten, Psychologie heute 6/90.
- Edward Ziegler, Depressionen – die Folge falschen Denkens, Das Beste aus Readers Digest II/81.
- Chris Thurmann, »Lügen, die wir glauben«.

3 Das Wort Gottes als Hilfe

Wie kommt man nun aus diesem negativen Denken heraus? Das Wort Gottes gibt uns dafür Hilfen sehr konkreter Art. Ein Wort, das Ihnen gewiß bekannt ist:

Jesaja 43,1-5

»Fürchte dich nicht, denn ich habe dich erlöst; ich habe dich bei deinem Namen gerufen, du bist mein. Wenn du durch Wasser gehst, will ich bei dir sein, daß dich die Ströme nicht ersäufen sollen, und wenn du ins Feuer gehst, sollst du nicht brennen, und die Flamme soll dich nicht versengen. Denn ich bin der Herr, dein Gott, der Heilige Israels, dein Heiland. Ich habe Ägypten für dich als Löse-

geld gegeben, Kusch und Seba an deiner Statt, weil du vor meinen Augen so wert geachtet und auch herrlich bist und weil ich dich lieb habe. Ich gebe Menschen an deiner Statt und Völker für dein Leben. So fürchte dich nun nicht, denn ich bin bei dir.«

3.1 Dieser Bibelabschnitt will uns drei Worte einprägen, die wesentlich sind für unser gottvertrauendes Denken:

»Fürchte dich nicht!«

Dieses Wort ist kein Appell im Sinne von: »Reiß dich am Riemen!« Das ist vielmehr ein seelsorgerlicher Zuspruch: »Fürchte dich nicht!« Es folgen nämlich lauter Begründungssätze: »Denn, denn, denn ... Fürchte dich nicht, denn ich ...« Nicht Appell, nicht schon wieder Streß, sondern Zuspruch Gottes: »Fürchte dich nicht, denn ich bin der Herr! Dein Gott!«

Nicht die Angst, nicht das, was uns bedrängen will, nicht das, was uns in die Enge führt, soll uns bestimmen. Gott will der entscheidende Faktor (= Macher) in unserem Leben sein; Gott will die Hauptperson sein.

»Fürchte dich nicht, denn ICH umgebe dich von allen Seiten! ICH bin der Herr, ICH halte die Hand über dir, ICH bin bei dir! ICH habe die größte Loskaufsumme auf den Tisch gelegt. ICH habe meinen Sohn, Jesus Christus, mein Liebstes, mein Äußerstes, dahingegeben, daß du frei sein kannst, daß du aus der Angst, aus der Enge herauskommst in die Weite, in die Freiheit.« Das ist nicht nur ein theologischer Lehrsatz, sondern es ist ganz praktisch im Leben erfahrbar, weil es Realität ist.

4 Der Blickwechsel

Auch wenn wir uns einmal grundsätzlich für Jesus entschieden haben, stehen wir – im Hinblick auf das Betroffensein bei Ängsten – täglich neu in der punktuellen Entscheidung, ob wir uns auch in dieser Lebenssituation wieder für Jesus Christus entscheiden, um herauszukommen, um erlöst zu werden von Ängsten, von Schwierigkeiten, von sorgenvollem Denken, von negativen Gedanken, von Zwängen, von Zweifeln, auch von Verzweiflung. Es ist gut, wenn wir ganz nüchtern und sachlich festhalten: Es gibt auch für einen Nachfolger Jesu in gewissen Zeiten seines Lebens Zweifel, Ängste, Anfechtungen, schwere Wegführungen, die er nicht versteht, dunkle, ihn bedrängende Gedanken. In diesen Lebenslagen ist es entscheidend – um ein Bild zu gebrauchen – wohin ich schaue. Wer dabei auf sich schaut, der kann sehr schnell verzweifeln, wenn er spürt, daß er tatsächlich in sich selbst keine Kraft hat.

Es ist aber auch nicht hilfreich, gebannt auf die Situation zu schauen, die einem Angst macht, sondern unsere Hilfe liegt darin, auf den zu schauen, der sagt: »Fürchte dich nicht, ich bin der Herr! Ich bin der entscheidende Faktor! Ich bin dein Heiland! Ich bin dein Herr! Ich bin dein Gott!«

Dieser Blickwechsel – weg von dem Bedrohenden hin zu unserem Herrn – wird uns nicht automatisch gelingen; wir werden ihn auch nicht ein für allemal im Griff haben, denn es ist ein Lernprozeß, und wir werden diesen Blickwechsel immer wieder einüben müssen.

5 Ich darf Ängste haben

5.1 Gott bagatellisiert unsere Angst nicht. Er sieht unsere Angst sehr realistisch und gesteht uns sogar zu, Angst zu haben. Ein Mensch, der mit Jesus lebt, darf Angst haben. Jesus sagt: »In der Welt habt ihr Angst.« Er stellt ganz nüchtern fest, daß auch Nachfolge Jesu im Bereich der Angst, der Bedrängnis, stattfindet. »Aber«, und das ist dieses kleine entscheidende Wörtchen: »*Aber* seid getrost, ich habe die Welt überwunden« (Joh 16,33).

Es geht darum zu lernen, nicht primär situationsbezogen, also auf die Angst schauend zu denken, sondern verheißungsbezogen, und das meint, sich an Zusagen Gottes orientierend zu denken, wie z. B.: »Seid getrost, ich habe die Welt überwunden.«

5.2 Wer sich auf Jesus verläßt, erfährt den Durchbruch durch die Angst, die Enge, in den weiten Raum, weil Jesus den zwangsmäßigen Zusammenhang von Anfechtung und Verzweiflung durchbrochen hat. Deswegen kann der Glaube gegen den Augenschein Gott vertrauen.

(Falls auch Sie mit Ängsten zu kämpfen haben: Im anschließenden Arbeitsteil finden Sie einen Fragebogen zum Thema »Angst«, der Ihnen evtl. helfen kann, mehr über die Hintergründe Ihrer Angst zu erkennen und anders damit umzugehen.)

5.3 Beide Verhaltensweisen – zweifeln *und* glauben – haben im gottvertrauenden Denken auf die Dauer keinen Platz. Da entsteht in unserem Innern ein Zwiespalt, und ein zwiespältiges Herz hat keinen Frieden und kann nicht erhörlich beten (Jak 1,6-8). Zweifel kommt aus dem kurzsichtigen menschlichen Meinen, während Glaube, Vertrauen von Gott ergriffener Wille ist. »Mein Wille gehört meinem Gott, ich traue auf Jesum allein.« (Aus: W.F. Crafts/Dora Rappard, Ich blicke voll Beugung und Staunen.)

6 Womit ist mein Denken gefüllt?

6.1 Wie gehe ich mit meinen Gedanken um?
- Wie gehe ich um mit Schriftgut?
- Wie gehe ich um mit dem Bild, z.B. dem Fernsehen?
- Womit beschließe ich den Abend?
- Was sind meine letzten Gedanken?
- Womit nähre ich meine letzten Gedanken?

Wie ich den alten Tag beschließe, beginne ich den neuen! Ein Fernsehstück sollte nicht das letzte am Abend sein. Das Reinigen meines Gewissens, das In-Ordnung-Bringen, was des Tages Treiben unordentlich gemacht hat, sollte am Schluß eines Tages stehen. Wem räume ich Sitz- und Stimmrecht ein: der Angst, dem Negativen oder dem Vertrauen?

6.2 Ein Mensch, der denkt: »Ich bin nichts, ich kann nichts«, untergräbt mit solchem Denken seine eigenen, ihm von Gott gegebenen Fähigkeiten. Er steuert dazu bei, daß die Gaben, die Gott ihm gegeben hat, verkümmern. Das Ergebnis sind Unzufriedenheit, Minderwertigkeitsgefühle, Unausgefülltsein, Freudlosigkeit, Selbstmitleid, um nur ein paar Symptome zu nennen. Dieser Mensch hat in letzter Konsequenz sein Vertrauen zu Jesus eingeschränkt.

Wenn es in Phil 4,13 heißt: »Ich vermag alles durch den, der mich mächtig macht, Christus«, dann bedeutet das nicht, daß ich dadurch jemand werde, der überdurchschnittlich ist, sondern wenn ich z.B. Realschullehrer bin, werde ich mich bemühen, ein guter Realschullehrer zu sein und werfe mir nicht ständig vor: »Ich habe es nicht geschafft, Gymnasiallehrer zu werden.«

Ich finde also ein Ja zu dem, was ich bin – in diesem Fall Realschullehrer – und versuche, meine Sache so gut zu machen, wie es mir möglich ist, und verzehre nicht mehr Kraft damit, mir vorzuhalten, daß ich nicht höhere Ziele erreicht habe.

Das »Ich vermag alles durch den, der mich mächtig macht« kann also auch heißen: Ein Ja zu finden zu meiner Situation, mich nicht ständig mit anderen zu vergleichen, sozusagen in Nachbars Garten zu schielen und darüber die Früchte im eigenen Garten nicht mehr zu sehen. Dadurch werde ich gefangen im negativen Denken und damit reduziert in der eigenen schöpferischen Kraft. Gelegentlich gilt: Weniger Ausschau zu halten nach neuen Gaben und vielmehr Gott zu bitten: »Öffne mir die Augen für meine Gaben, daß ich *die* annehme, daß ich *die* umsetze, daß ich *die* aktiviere, daß ich fröhlich werde, weil ich wunderbar geschaffen bin (Ps 139,14), o Gott, von dir in meinem So-Sein.« Jedes Gefühl der Minderwertigkeit reduziert die Kraft unserer Hoffnung, lähmt unsere Tatkraft, wogegen umgekehrt das ausgesprochene Vertrauen zu Gott (»Ich bin nicht allein! Du bist bei mir! Du bist mit mir! Du fährst mit mir zum nächsten Kunden, mit mir zum nächsten Hausbesuch. Du hilfst mir bei den Entscheidungen! Du unterweist mich bei der Kindererziehung! Du schulst mich für meinen Lehrauftrag!« usw.) mich in diesem »Fürchte dich nicht!« bestärkt.

Es besteht ein kausaler Zusammenhang zwischen Vertrauen zu Gott und einem gesunden Selbstvertrauen und damit auch gottgewollter »Selbstverwirklichung«. Denn das gibt es: gottgewollte Selbstverwirklichung »Ich lebe, doch nun nicht ich, Christus lebt in mir« (Gal 2,20). Da ist das »Ich lebe« nicht weggestrichen, aber es kommt hinzu: »Christus in mir!«

6.3 Es gibt einen Weg, von der Qual der Minderwertigkeitsgefühle befreit zu werden. Aber es kommt darauf an, ob man selbst gewillt ist, diesen Weg zu gehen; er ist so einfach (und vielleicht deshalb für manche so schwer): Er beginnt damit, daß ich bewußt zur Kenntnis nehme: Gott hat *mich* angenommen! Ich bin sein Kind! Er kennt *mich* und ist für *mich*! Er versteht *mich*! Gott liebt *mich*! Gott achtet *mich* wert als Persönlichkeit! Gott hat *mich* begabt! Gott hat *mich* bejaht! Gott hat *mich* bei *meinem* Namen gerufen: »Du bist mein!«

Das gilt es aufzunehmen, aufzusaugen in unser gottvertrauendes Denken. Und wenn Gott so ja zu mir sagt, was hindert mich, auch ja zu mir zu sagen? Deswegen ist es von so großer Wichtigkeit, unser Denken immer wieder mit Gedanken des Vertrauens, der Liebe, der Zuversicht, der Fürsorge Gottes zu füllen. Wenn ich meinen Geist über Jahre mit Negativem gefüttert habe, z.B. mit Eifersucht, Haß, Neid, Bitterkeit, Minderwertigkeit, bleibt nicht aus, daß ich davon in meiner Lebensausstrahlung, in meiner Lebensbewältigung geprägt bin. Es gilt also, mit gläubiger Entschlossenheit darüber zu wachen und zu kontrollieren, was ich in mein Denken aufnehme.

7 Praktische Hilfen, um mit negativen Gedanken fertig zu werden

1. Lernen Sie, Ihre negativen Gedanken als »negativ« zu erkennen, bevor Ihre Gefühle davon bestimmt werden. Oder – wenn Sie bereits negativ fühlen – überlegen Sie, was Sie zuvor Negatives gedacht haben.

2. Schreiben Sie Ihre negativen Gedanken nieder. Sie halten damit fest, was Sie zuinnerst umtreibt. Damit wird das unkontrollierte Ausgeliefertsein an negative Gedanken begrenzt.

3. Sprechen Sie mit einem Menschen Ihres Vertrauens über diese negativen Gedanken. Durch den Gedanken-

austausch mit einem seelsorgerlichen Menschen lernen Sie, Ihre Lebenslage wieder objektiver zu sehen, zu unterscheiden, was der Wirklichkeit entspricht und was nicht.

4. Kontrollieren Sie Ihre Gedanken, und üben Sie den Gedankenstop, sobald Ihnen negative Gedanken bewußt werden. Nicht unsere Stimmungen, nicht unsere Gefühle prägen unsere Gedanken, das Gegenteil ist der Fall: Unsere Gedanken sind es, die über unsere Stimmungen und Gefühle entscheiden.

Ein kurzes Beispiel: Wenn jemand Sie verletzt hat, dann mögen Sie ihm mit dem Verstand längst vergeben und ihm auch das Wort der Vergebung zugesprochen haben. Aber ist es Ihnen nicht auch schon so gegangen, daß es dann wieder hochkommt, daß Sie in Ihren Gefühlen noch verletzt sind, daß es da noch sehr tief sitzen kann? Und wenn man nicht auf der Hut ist, kann sogar die ausgesprochene Vergebung wieder in Mitleidenschaft gezogen werden.

Es geht also darum, die negativen Gedanken, die man auch die »inneren Saboteure« nennen kann, die Zweifel und Angst ausstreuen, zu erkennen und zu verarbeiten.

Fragebogen zu Kapitel 3
Angst- und situationsbezogenes Denken

1 Wie wirken sich Sorgen, Verzagtheit, Entmutigung, Grübeleien, Bitterkeit bei Ihnen aus?

____

____

____

____

2 Stellen Sie sich zu jeder der fünf häufigsten negativen Gedankenfolgen jeweils die folgenden Fragen:

a) Wo kommt das in meinem Leben vor?

b) Wie hat sich dieses negative Denken bisher ausgewirkt?

c) Was will ich ab heute konkret dagegen tun?

2.1 Das Alles-oder-nichts-Denken und die übertriebenen Verallgemeinerungen

a)

____

____

b)

____

____

c)

____

____

2.2 Die falsche Brille, die automatischen Abwertungen und die voreiligen Schlußfolgerungen

a)

b)

c)

2.3 Die Vergrößerung und Verkleinerung

a)

b)

c)

2.4 Die Gefühlsurteile

a)

b)

c)

2.5 Die »Müßte-Erklärungen«

a)

b)

c)

3 a) Versuchen Sie, die Hauptaussagen von Jesaja 43,1-5 mit Ihren eigenen Worten zu formulieren.

b) Was könnte »durch Wasser / ins Feuer gehen« konkret auf Ihre Situation bezogen heißen?

3.1 c) Warum ist das »Fürchte dich nicht« kein Appell, sondern ein seelsorgerlicher Zuspruch?

d) Suchen Sie noch weitere Bibelstellen, die Ihnen helfen können, aus dem negativen Denken herauszukommen.

4 a) Haben Sie einmal eine grundsätzliche Entscheidung für Jesus getroffen, und was hat Sie dazu bewogen?

b) Wenn Sie aus Ihrem Erleben bestätigen können, daß auch Zeiten von Zweifeln, Ängsten, Anfechtungen usw. zum Leben eines Christen gehören:
Was ist Ihnen dabei wichtig geworden?

Zum Bedenken:
Apg 14,22; Röm 8,35; 2.Kor 1,4;

c) Gibt es etwas, das Sie daran hindert, den »Blickwechsel« (von der Not weg hin zu Jesus) zu vollziehen und Ihre Not an Jesus abzugeben?

____

____

____

____

d) Wenn es ein Lernprozeß ist, »auf den Herrn zu schauen« – was könnte Ihnen beim Lernen helfen?

____

____

____

____

Zum Bedenken:
Hebr 12,1-3

e) Auch dieser Sorgen-Übergabevertrag gibt Ihnen dabei konkrete Hilfestellung.

Sorgen-Übergabevertrag

Zwischen dem Unterzeichnendem und Jesus Christus, gemäß 1. Petrus 5 Vers 7 »Alle eure Sorgen werft auf ihn, denn er sorgt für euch.«

§ 1 Ich übergebe Jesus Christus meine Sorgen und verliere alle weiteren Bearbeitungsrechte.

§ 2 Er übernimmt meine Sorgen zur weiteren Bearbeitung und kommt für die allerbeste Erledigung auf.

§ 3 Die Anzahl der übertragenen Sorgen ist unbegrenzt.

§ 4 Rückgabe-Sperrklausel: Bei dem Versuch, den Vertrag zu brechen und rechtswidrig die abgegebenen Sorgen an sich zu reißen, ist der Unterzeichnende zu folgendem Gebet verpflichtet: Ich danke dir, daß du meine Sorgen bereits endgültig übernommen hast. Ich vertraue dir, daß du dich ganz für mich einsetzt!

§ 5 Zur Vertragsausführung wird im einzelnen empfohlen:

a) die abzugebenden Sorgen auf einen Zettel zu schreiben und diesen in die Bibel einzulegen, zum Beispiel bei 1. Petrus 5,7

b) die Sorgen außerdem im Gebet mündlich zu übergeben

c) späteres Abhaken der erledigten Sorgen und Dankgebet.

____________________ ____________________

Ort und Datum Unterschrift

(Quelle: Pfarrhaus, Hauptstraße 66, 5413 Bendorf)

Setzen Sie einen solchen Vertrag zwischen Ihnen und Jesus Christus auf. Wenn Sie möchten, können Sie uns gerne daran teilhaben lassen oder aber es in der Stille mit Ihrem Herrn »vereinbaren«.

5.1 Welche Bibelstellen machen deutlich, daß Angst zu unserem Menschsein gehört?

____

____

5.2 Wie im Textteil schon erwähnt, hier ein Fragebogen für die, die mit Ängsten zu kämpfen haben:

1. Wie würden Sie Ihre Angst einstufen?
   a) kreatürliche Angst
   b) krankhafte Angst
2. Wovor haben Sie Angst?
   a) vor einem Menschen?
   b) zu versagen?
   c) unheilbar krank zu sein?
   d) oder ....
3. Steckt hinter Ihrer Angst vielleicht letztlich die Angst vor dem Ausgeliefertsein? ja nein
   Falls ja:
   Wem fühlen Sie sich ausgeliefert?
   a) einem Menschen?
   b) einem unbekannten Schicksal?
   c) Gott?
4. Könnte es sein, daß Sie mit Ihrer Angst einen anderen Menschen einengen? ja nein
   Falls ja:
   a) Ihren Ehepartner?
   b) Ihre Kinder?
   c) wen sonst?

5. Was könnte Ihrer Meinung nach die Ursache Ihrer Angst sein?
a) falsche Erziehung?
b) negative Erfahrungen?
c) Veranlagung?
d) nicht vergebene Schuld?

6. Worin sehen Sie die entscheidende Hilfe, Ihre Angst zu überwinden?
a) finanzielle Sicherheit?
b) menschliche Geborgenheit?
c) Gesundheit?
d) oder?

7. Welche Funktion hat die Angst in Ihrem Leben?
a) Schutz b) Ansporn c) Zerstörung

8. Was haben Sie bisher unternommen, um mit Ihrer Angst fertig zu werden?
a) Kontakte mit anderen gesucht?
b) trotz Angst neues Verhalten eingeübt?
c) mit Ängsten leben gelernt?
d) oder ....

9. Glauben Sie, daß es ein Leben ohne Risiko gibt?
ja nein
Warum?

____

____

10. Haben Sie schon versucht, Ihrer Angst durch gottvertrauendes Denken entgegenzuwirken? ja nein
a) Wie?

____

b) Warum?

____

____

5.3 Warum haben Zweifel *und* Glaube auf die Dauer im gottvertrauenden Denken keinen Platz?

Zum Bedenken:
Jak 1,6; Hebr 10,35; 11,1

6.1 a) Wie gehen Sie mit dem um, was Ihre Gedankenwelt beeinflußt (Bücher, Fernsehen ...)?

Zum Bedenken:
1. Kor 10,23

b) Gibt es da etwas, das Sie ändern sollten, weil Sie erkannt haben, daß es Ihnen schadet?

c) Wie wollen Sie es ändern?

6.2 a) Haben Sie ja gesagt zu sich, zu Ihren Gaben und Fähigkeiten und auch zu Ihren Grenzen?

Wenn nicht: Was konnten Sie bisher nicht bei sich akzeptieren?

b) Wenn Sie gebetet haben »Öffne mir die Augen für meine Gaben ...« – welche haben Sie erkannt?

6.3 a) Können Sie diese Aussagen innerlich nachvollziehen – Gott hat *mich* angenommen! Ich *bin* sein Kind! Er kennt *mich* und ist für *mich*!

b) Wenn nicht, wo liegen Ihre Schwierigkeiten?

c) Wie wollen Sie Ihr Denken mit Gedanken des Vertrauens, der Liebe, der Zuversicht und Fürsorge Gottes füllen?

d) Welche Bibelworte können Ihnen dabei helfen?

Zum Bedenken ein Wort, das Adolf von Harnack einem verzagten Schüler weitergab:
»Ich baue mir drei Mauern gegen den Pessimismus auf. Die erste nenne ich: ›Herr, ich bin zu gering aller Barmherzigkeit und Treue, die du an deinem Knecht getan hast.‹ Und dann, wenn Dunkel über mich hereinbrechen will, sage ich: ›Vater, vergib ihnen, denn sie wissen nicht, was sie tun.‹ Und die dritte Mauer: ›Noch gibt es Leute, denen ich etwas sein kann, denen ich den Horizont heller, das Herz frischer machen kann, und sei es nur ein einziger, sei es nur ein Kind.‹«

7 Praktische Hilfen, um mit negativen Gedanken fertig zu werden

1. Welche immer wiederkehrenden negativen Gedanken haben Sie erkannt?
2. Schreiben Sie sie auf

3. Mit wem könnten Sie über diese niedergeschriebenen Gedanken sprechen?

4. Kontrollieren Sie Ihre Gedanken, indem Sie den Gedankenstop üben, d. h. sobald Ihnen bewußt wird, daß Sie im negativen Gedankenkreislauf sind, sollten Sie diese Gedanken sofort stoppen (immer wieder neu) und sie durch Zusagen Gottes und vertrauende Gedanken ersetzen.
Helfen kann Ihnen dabei, wenn Sie folgende Sätze entsprechend Ihrer negativen Gedanken ergänzen und es sich immer wieder neu bewußtmachen:
z. B.
Ich bin zwar allein, aber viel schlimmer wäre es, wenn

Darum danke ich dir, Gott, daß ich

Ich bin zwar ....., aber viel schlimmer wäre es, wenn

Darum danke ich dir, Gott, daß ich

Persönliche Überlegungen

Abschlußfrage:

Was ist Ihnen bei der Erarbeitung dieses Kapitels wichtig geworden?

Kapitel 4

Zuversicht- und verheißungs-bezogenes Denken

Kapitel 4
Zuversicht- und verheißungsbezogenes Denken

1 Um verheißungsbezogen und gottvertrauend denken zu können, bedarf es immer wieder neu der bewußten willentlichen Entscheidung, »alle Gedanken unter den Gehorsam Jesu Christi gefangenzunehmen« (2. Kor 10,5), d.h. sie zu kontrollieren und – wo nötig – von Gott und seinem Wort korrigieren zu lassen.

In der Bindung an Jesus Christus ergibt sich die größtmögliche Freiheit zur Gestaltung unseres Lebens (1. Kor 3,21ff).

1.1 Der Kampf zwischen negativ und positiv, der Kampf zwischen situationsbezogenem Denken und verheißungsbezogenem Denken nimmt mit der grundsätzlichen Entscheidung für Jesus Christus seinen Anfang, muß aber in der täglichen Auseinandersetzung mit dem Leben stets wieder bewußt und willentlich vollzogen werden (s. auch Kapitel 3, 4 Der Blickwechsel).

In unserem gottvertrauenden Denken entscheiden wir darüber, auf welchen Wegen unser Leben verläuft, dort entscheidet sich, ob wir;

- uns sorgen oder vertrauen,
- bedient werden wollen oder dienen,
- verzagt oder zuversichtlich sind,
- unzufrieden sind oder dankbar,
- murren oder loben,
- neidisch sind oder dem anderen alles gönnen,
- jammern oder uns freuen wollen.

1.2 Wir stehen durch eine erstmalige Entscheidung für Jesus Christus unter einem anderen Vorzeichen als bisher: Das Minus vor unserem Leben ist durch die Übergabe unseres Lebens an Jesus Christus in ein Plus verwandelt worden. Wir stehen in der täglichen Auseinandersetzung unter diesem Vorzeichen des Sieges, des Kreuzes; wir stehen auf der Seite des Siegers, und wir sind deswegen berufen zum Siegen.

Und doch bleibt dieser Kampf ein lebenslanger Prozeß, in dem es um die fortschreitende Erneuerung unseres Denkens geht: »Gestaltet eure Lebenspraxis nicht nach den Verhaltensmustern der heutigen Menschheit, sondern wandelt euch durch die Erneuerung eures Denkens, damit ihr den Willen Gottes herausfinden könnt, das Gute, ihm Wohlgefällige und Vollkommene« (nach Röm 12,1).

Auf diesem Hintergrund ist auch das Wort Luthers zu verstehen, wenn er sagt, daß unser Leben eine ständige Buße sein soll. Buße im Sinne von: Ändert euer Denken, eure Gesinnung, denkt um. Das ist nicht ein abgeschlossener Prozeß, sondern das ist eine anhaltende Lebensgesinnung.

2 Deswegen geht es um das Einüben eines gottvertrauenden Denkens. Dazu vier Schwerpunkte, die jeder so oder ähnlich in seinem Leben anwenden kann – 1. Danken lernen, 2. Dienenlernen, 3. Leidenlernen, 4. Sich freuen lernen.

2.1 Danken lernen

Voraussetzung fürs Dankenlernen ist die Stille Zeit; nicht das äußere Zur-Ruhe-Kommen, sondern die Bereitschaft zum Hören, sich also der Stille auch auszusetzen. Es ist die Aufgeschlossenheit für das Gespräch mit Gott.

Danken hängt in seinem Wortstamm mit »denken« zusammen. Innerhalb der Stillen Zeit kann es folgende Phasen geben: Nachdenken – Bedenken (Nachgedachtes memorieren) – Umdenken – Neudenken – Danken.

Das können Stationen eines Umwandlungsprozesses in unserer innersten Persönlichkeit sein.

Dietrich Bonhoeffer sagte einmal: »Danken öffnet den Zugang zu Gott.« Negativ formuliert würde es dann heißen: Undank blockiert die Verbindung zu Gott.

Hier sind noch einige Sätze, die im Leben erprobt wurden:

- »Dankbarkeit ist der Wächter am Tor der Seele gegen die Kräfte der Zerstörung.« (Gabriel Marcel)
- »Im Danken liegt eine Gewalt, vor der alle finsteren Geister weichen... Wenn dein Herz danken lernt, verläßt dich die Angst.« (Hermann Bezzel)
- »Das Reifwerden eines Christen ist im tiefsten Grunde ein Dankbarwerden... Da wird es hell in einem Menschenherzen, wo man für das Kleinste danken lernt.« (Bodelschwingh, Vater)

Einige biblische Aussagen dazu:

- »Wer Dank opfert (wo Lob aus der Tiefe aufsteigt), der preist mich, und das ist der Weg, daß ich ihm meine Herrlichkeit zeige.« (Ps 50,23)
- »Sagt Dank allezeit für alles!« (Eph 5,20)
- »Bringt eure Bitten im Gebet mit Danksagung (noch ehe die Erhörung da ist) vor Gott.« (Phil 4,6)
- »Seid dankbar in allen Dingen, denn das ist der Wille Gottes in Christus Jesus an euch.« (1. Thess 5,18)

Was im Lied: »Vergiß nicht zu danken dem ewigen Herrn« zum Ausdruck kommt, ist eine Erfahrungstatsache. Ein neues Denken beginnt.

Vergiß nicht zu danken dem ewigen Herrn,
er hat dir viel Gutes getan,
Bedenke, in Jesus vergibt er dir gern,
du darfst ihm so, wie du bist, nahn.
Barmherzig, geduldig und gnädig ist er,
viel mehr als ein Vater es kann.
Er warf unsre Sünden ins äußerste Meer,
kommt, betet den Ewigen an.

Du kannst ihm vertrauen in dunkelster Nacht,
wenn alles verloren erscheint.
Er liebt dich, auch wenn du ihm Kummer gemacht,
ist näher als je du gemeint.
Barmherzig ...

Im Danken kommt Neues ins Leben hinein,
ein Wünschen, das nie du gekannt,
daß jeder wie du Gottes Kind möchte sein,
vom Vater zum Erben ernannt.
Barmherzig ...

In Jesus gehörst du zur ewigen Welt,
zum Glaubensgehorsam befreit.
Er hat dich in seine Gemeinde gestellt
und macht dich zum Dienen bereit.
Barmherzig...

Heino Tangermann*

Ein konkreter Vorschlag, um Dankbarkeit zu lernen, ist das 4-Wochen-Programm.

Erste Woche:

Setzen Sie in Ihrer Stillen Zeit einen Schwerpunkt aufs Danken und Loben. Denken Sie darüber nach, wofür Sie Grund zu danken haben. Es geht nicht darum, daß Sie sich dankbar fühlen!

Suchen Sie jeden Tag *zehn* Gründe, die für Sie Anlaß zum Danken sind. Schreiben Sie diese in ein Merkbuch, damit Sie an jedem Tag zehn andere Gründe festhalten. Am Ende einer Woche haben Sie 70 Gründe, die für Sie Anlaß zum Danken sind.

Sie erfahren, daß Sie anders als bisher in und durch den Tag gehen: zuversichtlicher, gelassener, freudiger, dankbarer. Sie sind in Ihrem gottvertrauenden Denken anders »programmiert«! Sie leben bewußter und damit intensiver.

»Vergiß nicht, was er dir Gutes getan hat« (Ps 103,2), so könnten Sie diese Woche überschreiben.

Zweite Woche:

Nennen Sie Gott die Namen all der Menschen, die Sie kennen und lieben, und danken Sie für alle. Verweilen Sie mit Ihren Gedanken einen Augenblick bei jedem.

Dann denken Sie an einen bestimmten Menschen – jeden Tag an einen anderen –, den Sie Gott nennen: »Herr, ich danke dir für ...« Denken Sie an seine guten Eigenschaften. Erinnern Sie sich daran, wie dieser Mensch seinen Glauben lebt, wie er wirkt in Liebe und Geduld. Danken Sie Gott für dies alles. Beten Sie für geistliches Wachstum in seinem Leben. Denken Sie an *fünf* Dinge, die Sie in Ihrem Leben überzeugender entfaltet haben möchten, und wünschen Sie ihm das gleiche. Beten Sie dafür, daß Gott ihm umfassend wohltue!

Weisen Sie alle negativen Gedanken ab. Versuchen Sie nicht, sein Leben durch Ihr Gebet zu korrigieren, ihn nicht umzubeten, sondern umbeten Sie ihn. Stellen Sie ihn in den weiten Raum der Liebe Gottes. Bleiben Sie bewußt im Raum des Dankens für ihn!

»Menschen, durch die ich gesegnet wurde« (4. Mose 6,24), so könnten Sie diese Woche überschreiben.

Dritte Woche:

Nennen Sie Gott die Namen der Menschen, die Ihnen Not bereiten; nennen Sie sie ungeachtet der Gefühle, die Sie dabei haben. Bleiben Sie dann an jedem Tag bei einem mit Ihren Gedanken. Suchen Sie *eine* gute Eigenschaft im Leben dieses Menschen, die für Sie Grund ist zum Danken. Denken Sie nach, wenn Sie hier besondere Schwierigkeiten haben und vielleicht meinen, Ihnen falle nichts Gutes ein. Halten Sie die Spannung, die entstehen könnte, aus. Sie wird fruchtbar. Beginnen Sie damit, sich klarzumachen, daß auch dieser Mensch von Gott geliebt ist – und zwar genauso geliebt, wie Sie selbst, nicht mehr und nicht weniger!

Zum Bedenken:

– »Statt über die Fehler deines Nächsten zu klagen, fange an, für seine guten Eigenschaften zu danken; dann wird sich euer Verhältnis schnell bessern.«

(Paul Toaspern)

– »Nimm dir heute einen Menschen in deiner Umgebung, dem du ausgewichen bist, der dir schwer war, dessen Name dir schon Unbehagen erweckte, nimm ihn in dein Herz und Gebet. Am anderen Morgen erscheint dir dieser Mensch schon in ganz anderem Licht, und in den nächsten Wochen kannst du ihm freundlich begegnen, ihn freundlich ansehen, ihm die Hand reichen und ein freundliches Wort sagen. Er weiß nicht, warum du dich auf einmal so gegen ihn zeigst. Dein Gott aber weiß es!«

(Hermann Bezzel)

Diese dritte Woche könnte überschrieben sein: *»Liebe deinen Nächsten gleich wie dich!«* (Lk 10,27)

Vierte Woche:

Setzen Sie in diesen Tagen den Schwerpunkt in Ihrem gottvertrauenden Denken bewußt aufs Loben. Denken Sie nach über Gottes Wesen. Halten Sie täglich drei Eigenschaften fest, die für Sie Anlaß sind, ihn zu loben, seinen Namen anzubeten. Sinnen Sie darüber nach. Ihre Gottesbeziehung wird dadurch gereinigt und geheiligt, und Sie selbst werden von Gott für Gott gebrauchsfähiger gemacht. Gott ist gnädig, barmherzig, freundlich, gütig, liebevoll, hilfsbereit.

»Ich will, anstatt an mich zu denken, ins Meer der Liebe mich versenken« (1. Joh 4,19), so könnte diese letzte Woche überschrieben sein.

(Aus: Gerhard Tersteegen, Ich bete an die Macht der Liebe ...)

2.2 Dienen lernen

Gemeint ist das Dasein für einen oder zwei andere Menschen (1. Petr 4,10). Dienst ist angewandte Liebe in geschenkter Freiheit. Dienst für Jesus bezieht sich also nicht nur auf eine begrenzte Zeit. Es wäre ein Doppelleben, wenn ich meinte: Zu den Bürostunden diene ich Jesus, und nach Feierabend kann ich anders leben. Hier gibt es viel gespaltenes Denken im geistlichen Leben.

Ob andererseits aber nicht viel Fruchtlosigkeit auch damit zusammenhängt, daß wir unseren Dienst oftmals nicht aus freiem Herzen, sondern unter Zwang tun? Daß wir ihn als Muß verstehen und nicht als Dank für die uns geschenkte Liebe?

Zu diesem Dienen aus Liebe hat jeder von uns Gaben empfangen, und solche Gaben verpflichten zum Gebrauch. Dabei soll die Liebe immer der Grundakkord bleiben. Jesus gibt uns beispielhaft diakonischen Anschauungsunterricht und zeigt, um was es geht: Denken wir an die Fußwaschung (Joh 13,1-20) (oft würden wir dem andern lieber den »Kopf waschen«). Da kommt etwas von dieser aus Liebe dienenden Haltung zum Ausdruck: Liebe war der entscheidende Faktor im Leben Jesu – er ist ja die personifizierte Liebe -, und auch in der Gestaltung unserer Jesusnachfolge soll die Liebe der entscheidende Faktor sein.

Einige Beispiele, wie dienende Liebe praktisch aussehen kann:

- Vielleicht wohnt in meiner Nähe jemand, der auf den Rollstuhl angewiesen ist. Habe ich schon einmal daran gedacht, hinzugehen und zu fragen: »Kann ich Sie heute mittag spazierenfahren?«
- Oder: Da hat jemand einen Garten mit viel Obst. Ein paar Häuser weiter wohnt eine Gastarbeiterfamilie mit vielen Kindern, und sie haben keinen Garten. Was steht im Wege, die Kinder einzuladen: »Kommt, pflückt euch Obst!«?
- Oder: Eine Frau hat die Putzwoche, und weil ihr Mann krank geworden ist, muß sie ihn versorgen und hat keine Zeit zum Putzen. Bin ich bereit, ihr zu helfen?

Wer braucht meine Zuwendung?

So kann Stille Zeit am Beginn eines Tages hoch aktuell werden, indem ich Gott frage und darüber nachdenke: »Wer ist der eine oder andere, der am heutigen Tag meiner besonderen Zuwendung bedarf?« Lieben heißt: Hinzubringen, was fehlt:

Es wird gut sein, in dieser Planung auch eine Pufferzone an Zeit zu lassen, um sich nicht selbst unter Zeitdruck zu bringen und um für eventuelle »Akut-Fälle« Zeit zu haben. Denn zum Helfen gehört es, Zeit zu haben für den anderen, denn das ist die Voraussetzung, ihn kennenzulernen. Und wenn ich jemand helfen will, muß ich ihn kennenlernen, und zum Kennenlernen gehört auch ein Stück Verstehenlernen, damit er die Hilfe bekommt, die er braucht. Dabei ist es wichtig, daß wir uns von dem Gedanken prägen lassen: »Menschen sind wichtiger als Dinge!«

Das setzt neue Prioritäten in unserer Lebenspraxis. Ich werde bereit zum Teilen meiner Zeit, meiner Gaben, meines Besitzes. Das materialistische Denken wird abgelöst von einem von Gottes Liebe geprägten, auf den Menschen gerichteten, dienenden Denken. Es zielt auf Gemeinschaft, es zielt auf Miteinander, und in der Gemeinschaft erfahre ich die Werte, die heute Mangelware geworden sind, die man sich nicht kaufen kann, die aber lebensnotwendig sind: Zuwendung, Liebe, Angenommensein, Verständnis, Korrektur, Wegweisung, Ergänzung.

»Was du mir Gutes tun willst, sollst du nicht unter Zwang, sondern aus freiem Herzen tun« (nach Phlm 14). Es lohnt sich, im Hinblick auf den Gewinn für meine Persönlichkeit, ganz bewußt das Dienen einzuüben. Dann brauche ich auch meine Unzulänglichkeiten nicht mehr als bedrückende Belastung zu erleben, sondern kann sie als Chance zur Erfahrung der Möglichkeiten Gottes sehen. Und doch kommt es dabei auf die innerste Motivation an, auf mein Denken: Suche ich mich im Dienst, meine »Selbstverwirklichung«, meine Profilierung, meine Frucht, meine Anerkennung, oder suche ich des Herrn Ehre?

Dienst als angewandte Liebe führt zu einer sinnvollen Gestaltung des Lebens und damit zu einem reichen Leben, denn das Drehen um mich selbst, der Kreislauf des »Ich-mit-mir« hört auf, wo ich mich der Not, dem Defizit des anderen zuwende. Und wo das »Ich-mit-mir« aufhört, komme ich aus der Enge und damit auch aus der Angst in die Weite, in die Befreiung, in die Erfahrung der Möglichkeiten Gottes. Ein völlig neuer Horizont geht mir auf.

2.3 Leiden lernen

Zunächst ist es verständlich, daß man sich gegen einen leidvollen Weg auflehnt. Das ist eine ganz normale menschliche Reaktion, es darf aber nicht die letzte bleiben, denn eng verbunden mit der Auflehnung ist die Bitterkeit. Und Bitterkeit hat destruktive, zersetzende Kräfte.

Unser Leben nimmt einen anderen Verlauf, wenn wir es lernen, Leid anzunehmen. Wer es auf Dauer ablehnt, steht in ständigem Kampf. Lernt man hingegen, es geduldig anzunehmen und das Leid als zu seinem Leben gehörend zu akzeptieren, wird es wertvoll werden.

»Im Ja zum Willen Gottes liegt die Kraft zum Überwinden«, zum Tragen und zum Ertragen, ohne unter den Lasten zusammenzubrechen; ich werde belastbar.

Dafür ist der Mann aus dem Lande Uz, Hiob, beispielhaft. In seinem schweren Verlust, in seinem großen Leid hielt er daran fest: »Der Herr hat's gegeben, der Herr hat's genommen, der Name des Herrn sei gelobt« (Hiob 1,21). Das sagen zu können, ist nicht einfach. Aber daran wird deutlich, ob ich nur einen theoretischen Glauben habe oder ob ich aus der persönlichen und auf Vertrauen aufgebauten Beziehung zu Jesus Christus lebe.

Im Leiden entdecken wir, ob unser Vertrauen, unser gottvertrauendes Denken nur eine oberflächliche Verzierung unseres Lebens ist oder der wesentliche Grund, auf dem unser Leben ruht. In der Erprobung, in der Anfechtung erweist sich, ob ich seinem Wort vertraue oder mich einfangen lasse vom situationsbezogenen Denken.

Leid hat seinen Eigenwert, der durch nichts anderes zu ersetzen ist. Die Erfahrungen, die wir darin sammeln, können wir sonst nirgends machen. Leid trägt zur Reifung unserer Persönlichkeit bei.

2.4 Sich freuen lernen

Freude gehört zu unserem Leben, Freude ist für unser seelisch-geistliches Leben dasselbe wie Vitamine für unseren Körper. Augustin sagte einmal: »Die Seele nährt sich von dem, an dem sie sich freut.« »Die Freude am Herrn ist eure Stärke.« (Neh 8,10)

Einige Leitsätze zu diesem »Sich freuen«:

»Ich will mich freuen«.

Das steht nicht im Gegensatz dazu, daß man Freude nicht machen kann, daß man sich zur Freude nicht zwingen kann. Und doch kann man lernen, sich freuen zu *wollen.* Auch Gott will, daß wir uns freuen. Er ist kein Miesmacher, der uns die Freude vergällen will.

Auch die Haltung »Ich will mich freuen« hängt mit der Grundstruktur unseres gottvertrauenden Denkens zusammen.

Wenn Sie den Textzusammenhang (Hab 3,17) beachten, sehen Sie, daß der Mann, der diesen Satz sagte, eigentlich gar keinen Grund hatte zum Freuen. In seinem Leben ging alles schief: Im Hinblick auf das Land, das Vieh, die Frucht, die Familie. Und doch bekannte er: »Aber ich will mich freuen und fröhlich sein in meinem Gott« (Hab 3,18).

Von ihm können wir lernen, uns abzuwenden vom situationsbezogenen Denken, das uns negativ beeinflußt, und uns hinzuwenden zu dem entscheidenden Faktor: zu Gott, an dem, in dem wir uns – auch ohne äußeren Anlaß – freuen können.

»Ich freue mich, daß ich bin«

Diese Einstellung ist nicht gleichzusetzen mit dem Sonntagsschullied »Immer fröhlich, immer fröhlich, alle Tage Sonnenschein«, und auch nicht mit dem Lied aus Lehars Operette: »Immer nur lächeln, immer vergnügt ...«

Das wäre oberflächlich und unehrlich.

»Ich freue mich, daß ich bin« – daß es mich gibt, daß ich so bin wie ich bin. Das beinhaltet ein Ja zu meiner Persönlichkeit als einer gottgewollten Schöpfung. Wer seinen Schöpfer bejaht und sich selbst als sein Geschöpf ablehnt, kommt in einen Krampf hinein. Ps 139,14: »Ich danke dir dafür, daß ich wunderbar gemacht bin.«

»Ich freue mich heute«

Es hört sich so banal an, und es ist für viele doch so schwer, nachzuvollziehen: Die Chance, heute zu leben, habe ich nur heute! Gestern ist vorüber, morgen ist noch nicht da! Wieviel Chancen werden verpaßt, weil man mit den Gedanken im Gestern hängt oder Situationen nachtrauert oder in Verstrickungen steckt mit unbewältigter Schuld.

Viele verpassen aber auch deshalb die Chancen des Heute, weil sie mit ihren Gedanken schon im Morgen stecken, sei es, indem sie planen: »Wenn ich das geschafft habe, dann...« oder daß sie mit Angst schon daran denken, was alles kommen könnte. Jesus hat gewußt, warum er sagte: »Es ist genug, daß jeder Tag seine eigene Plage hat« (Mt 6,34).

Daß wir doch bewußter leben lernen! Wer bewußt lebt, lebt intensiver; wer intensiv lebt, lebt reich. Im Heute leben bringt neues Erleben, denn jeder Tag hat seine eigene Freude. Gott will uns jeden Tag neu beschenken; er muß nicht aus dem Gestern schöpfen. Er gibt für den heutigen Tag das, was unser Leben reich machen soll.

Psalm 118,24: »Dies ist der Tag, den der Herr macht; laßt uns freuen und fröhlich an ihm sein.«

Und doch wollen wir über dem Heute, über der heutigen Etappe, nicht das Endziel aus den Augen verlieren!

»Ich freue mich auf die Ewigkeit«

Das ist kein Vertrösten, kein billiger Trost. Freude auf die Ewigkeit ist die Kraft, das Heute zu bewältigen. Vom Ziel erhalten wir die Motivation, unser Heute zu gestalten, die Konflikte dieses Tages anzunehmen und den Weg zum Ziel getrost zu gehen. Als die Jünger mit Frucht, mit Sieg, nach Hause kommen, weist der Herr sie über die Etappe hinaus auf das Endziel hin. Er verwehrt ihnen die Freude über den Sieg nicht, aber ermahnt sie doch: »Vergeßt darüber nicht die große Perspektive!« Lukas 10,20: »Freut euch, daß eure Namen im Himmel geschrieben sind.«

»Freude beginnt mit kleinen Dingen«

Es ist eine ganz große innere Verarmung, wenn man sich z. B. immer mehr kaufen muß, um froh zu sein. Wer sich ständig etwas Neues kaufen muß, sollte sich fragen, was wohl die innerste Motivation für dieses Handeln ist, ob nicht hier ein Defizit signalisiert wird, das viel tiefer liegt.

Freude fängt mit dem Einfachsten, dem Kleinsten an. Vielleicht damit, daß ich Gott bitte: »Öffne mir die Augen wieder, daß ich lerne, mich zu freuen über ein Lächeln, über ein aufmunterndes Wort, über das Strahlen von Augen, über einen Kartengruß, einen Brief, einen Telefonanruf, vielleicht auch darüber, daß ich mir selbst ein Stück Brot in den Mund führen kann, daß ich aufstehen kann, daß ich unter die Dusche gehen kann.« Das sind alles Dinge, die man so schnell für selbstverständlich nimmt.

Wer es lernt, sich über die kleinen Dinge zu freuen, dessen Leben erfährt eine tiefe Bereicherung. Nichts wird mehr als selbstverständlich hingenommen. Diese Freude steigt aus der Tiefe eines gottvertrauenden Denkens und strahlt weit über den Augenblick hinaus. Psalm 103,2: »Ich will mich freuen und all das Gute nicht vergessen, das ich vom Herrn empfangen habe.«

»Freude gewinnt, wer Freude macht«

Eine Lebensweisheit sagt: »Die Freude, die wir geben, kehrt ins eigene Herz zurück.«

(Hier muß man aber auf die eigene Motivation achten; es gibt auch ein ichbezogenes Freude-Machen, mit dem man nur sich selbst und nicht den anderen meint).

Es bedarf keiner »dicken Brieftasche« zum Freudemachen. Nötig sind Liebe, Phantasie, offene Augen und Ohren, ein mitempfindendes Herz, ein wacher Verstand. Es gibt da ein weites Übungsfeld.

Viele geizen mit Worten des Dankes, des Lobes, der Anerkennung und könnten einem andern damit doch so leicht eine Freude bereiten, ihn ermutigen und einen vielleicht sonst verpfuschten Tag retten. Ein wohlwollendes Entgegenkommen kann Vorurteile abbauen und ein neues Miteinander schenken. Obwohl das alles gar nicht »teuer« ist, wird es vielfach nicht praktiziert. Vielleicht deshalb nicht, weil wir hier am tiefsten Punkt dessen angekommen sind, was es heißt, Buße zu tun, nämlich Phil 4,5: »Eure Freundlichkeit laßt allen Menschen zuteil werden.« »Ändert eure Gesinnung« (Röm 12,2), euer Denken über den andern, den Nächsten, der ebenfalls von Gott geliebt ist.

Fragebogen zur Kapitel 4
Zuversicht- und verheißungsbezogenes Denken

1.1 a) Was ist zu tun, um verheißungsbezogen und gottvertrauend denken zu können?

____

____

____

____

____

b) In welchen »Kämpfen« kann man im Verlauf seines Christseins stehen?

____

____

____

____

____

Zum Bedenken: 2. Kor 10,4; Eph 6,12ff

1.2 a) Was hat sich durch unsere erstmalige Entscheidung für Jesus Christus im Hinblick auf diese Kämpfe geändert?

____

____

____

____

Zum Bedenken: 2. Kor 2,14

b) Wenn Sie über Römer 12,2 nachdenken – wie gestalten Sie Ihre Lebenspraxis? Haben Sie erkannt, ob und was Sie ggf. daran ändern sollten?

Zum Bedenken:
»Man muß immer wieder von neuem loslassen, was man erworben hat, und erwerben, was man noch nicht besitzt; einen Ort aufgeben, um einen anderen zu finden, eine Stütze loslassen, um eine andere zu gewinnen; unter die Vergangenheit einen Strich ziehen, um sich ungeteilt der Zukunft zuzuwenden.« (Paul Tournier)
»Dieses Leben ist nicht ein Frommsein, sondern ein Frommwerden; nicht ein Gesundsein, sondern ein Gesundwerden; nicht eine Ruhe, sondern eine Übung. Wir sind's noch nicht, wir werden's aber. Es ist noch nicht getan und geschehen, aber es ist im Schwange. Es ist nicht das Ende, aber es ist der Weg.« (Martin Luther)
c) Was hat Ihnen das Wort Luthers zu sagen, daß unser Leben eine ständige Buße sein soll?

2.1 Danken lernen
a) Was ist die Voraussetzung, das Danken zu lernen?

b) Wie sieht es damit in Ihrem Leben aus?

Zum Bedenken:
»Es liegt im Stillesein eine wunderbare Macht der Klärung, der Reinigung, der Sammlung auf das Wesentliche.«
(Dietrich Bonhoeffer)
Suche die Stunden der Stille, und du bist für Tage der Pflichten gerüstet.
Wer die Stille liebt, schärft das Gehör seines Herzens.
Wer die Freude der Stille geschmeckt hat, verliert den Geschmack am Lauten.

c) Kennen Sie noch ein anderes Wort über die Bedeutung des Dankens, das Ihnen richtungsweisend ist? Oder können Sie selbst eine solche Aussage formulieren, was Danken für Sie bedeutet?

Zum Bedenken:
Ps 50, 23; 92,2; Eph 5,20; Kol 1,12

d) Ein 4-Wochen-Programm:
Erste Woche:
Erstellen Sie sich eine Liste, in die Sie eine Woche lang täglich *zehn* Gründe zum Danken notieren:

	1. Tag	2. Tag	3. Tag	4. Tag	5. Tag	6. Tag	7. Tag
1.							
2.							
3.							
4.							
5.							
6.							
7.							
8.							
9.							
10.							

Zum Bedenken:
Dankbarkeit läßt unabhängig werden von momentanen Launen, Stimmungen, Gefühlen der Unzufriedenheit, die oft aus der Sattheit und dem Reichtum kommen.
Dankbarkeit durchbricht den Teufelskreis des »Ich-mit-mir-allein«.
Dankbarkeit hilft, frei zu werden von Aggressionen und Selbstmitleid.
Dankbarkeit befreit von einem schlechten Gewissen und lehrt mit Danksagung genießen.
Dankbarkeit bindet an den Geber, nicht primär an die Gabe.

Zweite Woche:
Die *fünf* guten Eigenschaften der Mitmenschen, die ich liebe:

Name	Eigenschaften	meine Wünsche für ihn/sie

Dritte Woche:
Die *eine* gute Eigenschaft der Mitmenschen, die mir zu schaffen machen:

Name	Eigenschaft	meine Wünsche für ihn/sie

(Sie brauchen diese Listen nicht für uns auszufüllen, sondern sollten sie mit in Ihre Stille vor Gott nehmen.)

Zum Bedenken:
»Manchmal entdecke ich, wie sehr ich einen Menschen verabscheue. Alles reizt mich zum Widerspruch. Es ärgert mich, wie er spricht. Die Haltung ist anmaßend. Wie er um Komplizenschaft buhlt... Der hochmütige Spott läßt in mir die Galle überlau-

fen. Sehen die andern gar nicht, wie sehr alles Pose ist? Das primitive Muster ist doch leicht zu durchschauen. Warum eigentlich ruft alles in mir zum Widerstand? Entdecke ich vielleicht in diesem Menschen Seiten, die mich an mich selbst erinnern und die ich nicht wahrhaben will? Ist ein geheimer Neid am Werk, weil hier ein anderer etwas fertigbringt, was ich heimlich ersehne? Bringt mich eine teilweise Übereinstimmung gegen ihn auf? Was ich an mir nicht wahrhaben will? Hier springt es mir in die Augen, und ich kann es straflos ablehnen. Meine Antipathie, die unkontrollierten Wutausbrüche, die schwer motivierbaren Ärgergefühle. Ich werde sie mir einmal genauer unter die Lupe nehmen müssen.« (Otto und Felicitas Betz)
»Nichts von dem, was wir im andern verachten, ist uns selbst ganz fremd. Wie oft erwarten wir von anderen mehr, als wir selbst zu leisten gewillt sind.« (Dietrich Bonhoeffer)

Sie können in dieser Woche auch wie folgt vorgehen:

Sonntag:	Ich will geduldig und zugleich freundlich sein mit ...
Montag:	Ich will nicht eifersüchtig oder neidisch sein auf ...
Dienstag:	Ich will nicht prahlen vor ...
Mittwoch:	Ich will nicht rücksichtslos auf den eigenen Vorteil bedacht sein gegenüber ...
Donnerstag:	Ich will mich von... nicht zum Zorn erregen lassen. Ich trage ihm/ihr auch nichts nach.
Freitag:	Ich will mich nicht freuen, wenn ...

	etwas Unrechtes tut, sondern wenn er/sie das Rechte tut.
Samstag:	Ich will ... niemals aufgeben, sondern ihn/sie mit Geduld tragen.

Vierte Woche:

Denken Sie über Gottes Wesen nach. Suchen Sie sich dazu entsprechende Bibelstellen, die etwas über Gottes Wesen aussagen. Halten Sie täglich *drei* Eigenschaften fest, für die Sie Gott loben und ihn anbeten wollen.

	1. Tag	2. Tag	3. Tag	4. Tag	5. Tag	6. Tag	7. Tag
1.							
2.							
3.							

2.2 a) Können Sie mit Psalm 100 sagen: »*Ich* diene dem Herrn mit *Freuden*!«?

____

Wenn nicht, was steht dieser Freude im Weg?

____

____

____

Zum Bedenken

»Man dient dem Herrn nicht nur, wenn man ein besonderes Amt hat oder geistliche Arbeit tut. Nein, der ganze Tageslauf kann ein fortgesetzter Gottesdienst sein.« (Dora Rappard)

»Man kann Gott nicht allein mit Arbeit dienen, sondern auch mit Feiern und Ruhen.« (Martin Luther)

b) Überlegen Sie, wie Sie die im 3. Kapitel (6.2 b) erkannten Gaben ganz praktisch einsetzen wollen.

Gabe(n)?

Wem will ich damit dienen?

Wann will ich damit anfangen?

c) Wer braucht heute – in dieser Woche – Ihre besondere Zuwendung?

Durch was konkret wollen Sie Ihre Zuwendung deutlich machen?

Zum Bedenken:
»Ich glaube, daß es mit dem Menschen ganz wunderbar bestellt ist. Er kann nur dann glücklich sein, so bis ins Innerste glücklich, wenn er sich verschenkt. Alles andere Glück ist kein Glück. Er weiß erst dann, wer er eigentlich ist, wenn er sich ganz und gar an einen anderen verliert.« (Manfred Hausmann)
»Die Summe unseres Lebens sind die Stunden, in denen wir lieben.« (Wilhelm Busch)

2.3 a) Gab/Gibt es leidvolle Wege, über die Sie bitter waren/sind? Möchten Sie uns daran Anteil geben?

Zum Bedenken:
»Wenn wieder etwas kommt, das dunkel scheint, dann harre ich, blicke rückwärts auf alle Hilfen Gottes und weiß es ganz gewiß: es wird doch wieder eine Rettung daraus. In den tiefsten Tiefen unserer Not steht Gott und wartet auf uns.«
(Friedrich von Bodelschwingh)

»... Trübsal bringt Geduld, Geduld aber bringt Bewährung ...« (Röm 5,3.4)

Legende aus der Sahara:
Ein mißgünstiger Mann sah in einer Oase der Wüste eine junge Palme heranwachsen. Da er von Neid auf alles Hoffnungsvolle erfüllt war, wollte er die junge Palme verderben. Er nahm einen schweren Stein und legte ihn in die junge Krone. Der junge Baum schüttelte sich, aber es gelang ihm nicht, den Stein abzuwerfen. Da entschloß er sich, mit dieser Last zu leben. Er grub seine Wurzeln tiefer in die Erde, so daß die Äste kräftig genug wurden, den schweren Stein zu tragen. Nach Jahren kam der Mann zurück, um sich an diesem verkrüppelten Baum zu freuen, aber er suchte vergebens. Die Palme, inzwischen zur großten und stärksten der ganzen Oase herangewachsen, sagte zu dem Mann: »Ich muß dir danken, deine Last hat mich stark gemacht.«

b) Was sagen Ihnen diese Gedanken für Ihre Lebenssituation?

c) »In der Annahme liegt der Friede.« – sind Sie in dieser Hinsicht »befriedet«, ausgesöhnt mit Ihrer Vergangenheit, mit leidvollen Wegen?

Wenn nicht – was haben Sie bisher getan, um dies zu bewältigen?

Zum Bedenken:
Joh 14,27; Röm 5,1; 15,13

»Selig ist der Mensch, der mit sich selbst in Frieden ist und unter allen Umständen frei und unerschrokken auf und um sich sehen kann. Es gibt auf Erden kein größeres Glück.«
(Matthias Claudius)

d) Was können wir im Leiden »entdecken«? Welchen Wert kann Leid in sich bergen?

Zum Bedenken:
2. Kor 1,3ff; 4,16ff; Hebr 2,10; 5,8

»Das Leid gehört zu den schwersten Klassen unserer Lebensschule, in denen Gott uns aber am meisten lehren will.«
(unbekannt)

»Alles Leid hat gestaltende Kraft. Gleich dem Bauern, der den Acker bestellt, wenn er mit dem Pflug tiefe Furchen zieht, reißt es unsre Herzen auf und macht sie empfänglich für gute oder schlechte Saat.«
(unbekannt)

Endlich bricht der heiße Tiegel
und der Glaub empfängt sein Siegel
als im Feur bewährtes Gold,
da der Herr durch tiefe Leiden
uns hier zu den hohen Freuden
jener Welt bereiten wollt.
Unter Leiden prägt der Meister
in die Herzen, in die Geister
sein allgeltend Bildnis ein.
Wie er dieses Leibes Töpfer
will er auch des künftgen Schöpfer
auf dem Weg der Leiden sein.

Leiden bringt empörte Glieder
endlich zum Gehorsam wieder
macht sie Christus untertan,
daß er die gebrochnen Kräfte
zu dem Heiligungsgeschäfte
sanft und still erneuern kann.

Leiden sammelt unsre Sinne,
daß die Seele nicht zerrinne
in den Bildern dieser Welt,
ist wie eine Engelwache,

die im innersten Gemache
des Gemütes Ordnung hält.

Leiden macht das Wort verständlich,
Leiden macht in allem gründlich,
Leiden, wer ist deiner wert?
Hier heißt man dich eine Bürde,
droben bist du eine Würde,
die nicht jedem widerfährt.

Im Gefühl der tiefen Schmerzen
dringt das Herz zu Jesu Herzen
immer liebender hinan.
Und um eins nur fleht es sehnlich:
mache deinem Tod mich ähnlich,
daß ich mit dir leben kann.

Endlich mit der Seufzer Fülle
bricht der Geist durch jede Hülle,
und der Vorhang reißt entzwei.
Wer ermisse dann hinieden,
welch ein Meer von Gottesfrieden
droben ihm bereitet sei?

Jesu, laß zu jenen Höhen
heller stets hinauf uns sehen,
bis die letzte Stunde schlägt,
da auch uns nach treuem Ringen
heim zu dir auf lichten Schwingen
eine Schar der Engel trägt.

Karl Friedrich Hartmann

2.4 a) Sich unabhängig der Gefühle – »in Gott zu freuen« – ist nicht immer leicht. Was könnte Ihnen dabei helfen, trotzdem zur »Freude im Herrn« zu gelangen?

____

____

____

____

Zum Bedenken:
Neh 8,10b; Phil 4,4ff
»Wie man das macht, jemand zu sein, der sich freut, das scheint eine schwere Kunst geworden zu sein. Aber warum schwere Kunst? Es braucht manchmal nur wenig: Genau hinschauen, genau hinhören und die Kleinigkeiten in Begegnungen und Widerfahrnissen dieses Tages auswickeln. Denn so ist es oft: Gott hat uns etwas eingewickelt in dem, was uns begegnet. Wir sollen daran erkennen: Dieser ganze Tag kann davon etwas hergeben, von der Nähe und Güte Gottes, die uns sagt: Du darfst dich freuen, Mensch, denn du bist zur Freude bereitet.«
(Johannes Kuhn)
»Sei guter Dinge und freue dich, denn Gott ist dein Freund.«
(Martin Luther)

b) Können Sie mit dem Psalmdichter sagen: »Ich freue mich, daß ich so wunderbar gemacht bin!«?

____

Wenn nicht – was steht dem im Wege?

____

____

____

c) Wenn auch Sie oft im Gestern oder im Morgen leben, was könnte Ihnen helfen, um wirklich ganz im Heute (»dem Tag, den der Herr gemacht hat«) zu leben?

Zum Bedenken:
»Die Güte des Herrn ist's, daß wir nicht gar aus sind, seine Barmherzigkeit hat noch kein Ende.« (Klg 3,22)

»So wenig der Mensch sich durch sein Wohlverhalten Gottes Güte verdienen kann, so wenig kann er durch seine Sorgen sich der Zukunft versichern. Ihm bleibt nur eines – das Heute mit einem getrosten Herzen hinzunehmen und seinen Tag, diesen Tag, zu leben, wirklich zu leben.« (Hanns Lilje)

»Da alle meine vergangenen Tage vorüber sind und ich nicht weiß, ob der morgige Tag für mich jemals kommt, so will ich HEUTE lieben und geben, weil gerade HEUTE der beste Tag meines Lebens sein könnte, um Liebe zu geben.«
(unbekannt)

d) Leben Sie in dem Bewußtsein, daß Jesus auch Ihnen eine Wohnung zubereitet hat (Joh 14,2), und können Sie sich darauf freuen?

Zum Bedenken:
1. Kor 2,9; 1. Joh 3,2; Phil 3,20f

e) Für welche »kleinen Dinge« haben Sie in letzter Zeit gedankt?

f) Welche wollen Sie *heute* nicht als selbstverständlich hinnehmen, sondern sich darüber freuen?

g) Wem sollten Sie ein solches Wort des Dankes schenken?

h) Wem könnten Sie auf andere Weise Freude bereiten? Wann wollen Sie es tun?

Persönliche Überlegungen

Abschlußfrage:

Welche für Sie wichtigen Gedanken nehmen Sie aus diesem Kapitel mit?

Kapitel 5

Ich ärgere mich!

Kapitel 5

Ich ärgere mich!

1 Gewiß kennen Sie das Spiel: »Mensch, ärgere dich nicht!« Beim Spiel mag es dem einen und anderen ganz gut gelingen, dieser Aufforderung nachzukommen. Doch im Alltag sieht das oft ganz anders aus.

1.1 Auch für den Christen gibt es da so viele Anlässe, sich zu ärgern:

- Da ist der Bus einem gerade vor der Nase weggefahren.
- Die Kinder streiten schon am Morgen.
- Der Autoschlüssel wurde verlegt.
- Der Chef will kurz vor Feierabend noch Briefe diktieren.
- Die Prüfungsarbeit wurde wieder um drei Punkte verpaßt.

Ärger ist eine Gefühlsäußerung, und Gefühlsäußerungen an sich sind nichts Negatives. Gott hat uns mit Emotionen geschaffen. Alles Empfinden, dessen wir fähig sind, hat aber eine Wirkung: konstruktiv oder destruktiv, und zwar hängt das davon ab, wie wir damit umgehen. Es ist also in unsere Verantwortung gestellt.

1.2 Ähnlich wie uns Angst in positiver Weise davor bewahren kann, einfach ungewarnt in Gefahren zu laufen, hat auch Ärger seine positive Bedeutung.

- Ärger hat Mobilisierungsfunktion. Kraftreserven werden frei, sich für Menschen oder eine Sache einzusetzen, um z. B. eine Ungerechtigkeit zu beenden.
- Ärger hat Signalfunktion. Er ist Hinweis auf eine Krise, etwas Unbewältigtes, hält an zum Nachdenken, um eine Lösung zu finden.

- Ärger hat Mitteilungsfunktion. Er macht Spannungen und negative Gefühle deutlich, bevor sie uns und andere verletzen.
- Ärger hat Kontrollfunktion. Er mahnt zum rechten Umgang mit dem Konflikt, um nicht »aus der Mücke einen Elefanten zu machen«.

Diesen positiven Aspekten stehen aber auch negative gegenüber, die den Ärger zum Problem machen, denn

- Ärger hat zerstörende Kraft, wenn er zu häufig auftritt, zu intensiv ist, zu lange anhält. Denken, Sprechen und Verhalten werden im wahrsten Sinne des Wortes dadurch in Mit-leiden-schaft gezogen. Mobilisierungs-, Signal-, Mitteilungs- und Kontrollfunktion werden ignoriert (Spr 27,3-4).
- Ärger kann ungerecht machen. Man beschuldigt andere, um sich selbst zu entschuldigen. Der andere bekommt den »Schwarzen Peter« zugeschoben (Mt 7,1-6).
  Man selbst zieht sich die »weiße Weste« an. Dies geschieht oft gerade in Beziehungsproblemen, wenn man sich angegriffen fühlt.
- Ärger macht unkontrolliert, so daß Wut und Aggressionen sich ungehemmt entladen – an Sachen wie auch an Menschen. Man ist blind für die Realität und für tiefere Einsichten (Lk 9,51-56).
- Ärger macht Geist, Seele und Leib krank. »Ich könnte platzen vor Wut«, »Ich koche innerlich«, »Da haut's die Sicherung raus« – damit drücken wir aus, was sich da in uns abspielt.

Hier einige Hinweise, was man im Ärger nicht tun sollte:

- darauf warten, daß der Ärger »verfliegt« und die negativen Gefühle einfach verschwinden;

– seinen Ärger indirekt ausdrücken, etwa indem man innerlich streikt, Gemeinschaft meidet, »nach Vorschrift« arbeitet, eisig wird oder Rachepläne schmiedet;
– den Ärger anstauen, bis man »aus der Haut fährt« und explodiert;
– den Ärger am Menschen austragen statt an der Sache;
– sich in Ärger hineinsteigern.

2 Ärger ist eine leichtere Form von Zorn.

2.1 Die Vorstufe von Ärger ist Gereiztheit. Gereiztsein, Ärger, Zorn können zerstörerisch wirken, wenn sie Ausdruck unseres sündigen Herzens sind und nicht mit unserem gottvertrauenden Denken kontrolliert werden. Wer ärgerlich wird und die Kontrolle darüber verliert, verliert auch die notwendige Ruhe (Spr 25,28). So ist es gut, nochmals von einem anderen Standpunkt aus unser Problem anzugehen, um eine hilfreiche Durchsicht – nach gewonnener Einsicht – zu bekommen.

Von was wird Ärger in unserem Leben ausgelöst?
– Von Enttäuschungen, dem Gefühl des Vergeblichen, dem Frust;
– von Dingen und Menschen, die »den letzten Nerv töten«, die uns irritieren, verunsichern, aufregen;
– von Herausforderungen, entweder mit Worten oder Verhalten, die uns überfordern, provozieren;
– von Ungerechtigkeiten, denen man sich machtlos ausgeliefert sieht, durch die man sich ausgenutzt fühlt.

Das ist die eine Seite des Ärgers: ihn den äußeren Umständen zuzuschieben, und das ist weitverbreitet. Man sagt: »Seine Bemerkung hat mich aufgeregt«; »Das hat mich wütend gemacht«; »Ihr Verhalten ärgert mich«. In Wirklichkeit müßten wir sagen: »*Ich* habe mich selbst über seine Bemerkung aufgeregt!«; »*Ich* habe mich über ihr Verhalten oder über diese Situation geärgert!« Das ist die andere Seite, die es ganz bewußt zu beachten gilt, wenn wir lernen wollen, mit Ärger konstruktiv umzugehen. Und das heißt, ihn in die richtigen Bahnen zu lenken, nicht die Selbstbeherrschung zu verlieren, sondern sich von Gottes Geist und Liebe beherrschen zu lassen, auf sein Wort zu hören und ihm ganz praktisch zu gehorchen. Dann ärgere ich weder mich selbst noch andere, noch lasse ich mich ärgern! Das zu lernen, zu üben und dadurch ein Geübter zu werden, ist möglich (Spr 12,16; 15,1).

2.2 Solange wir fälschlicherweise andere Menschen und Lebensumstände, also äußere Umstände, für unseren Ärger verantwortlich machen, wird es sehr schwer sein, besser, das heißt: vor Gott verantwortlicher mit unserem Ärger umzugehen. Wenn wir jedoch erkennen, wie oft wir uns selbst ärgern, können wir beginnen, unter dem Einfluß des Heiligen Geistes ein neues Denken, Sprechen und Verhalten einzuüben.

Dazu ein paar Beispiele:

Sie haben einen Fehler gemacht. Gestehen Sie ihn sich ruhig ein und auch zu. Sagen Sie nicht: »Ich bin nichts, ich kann nichts, aus mir wird nichts.« So ärgern Sie sich selbst; tun sich selbst weh. Sie sind weder eine Null noch wertlos noch ohne Gaben. Gott sagt etwas ganz anderes über Sie: »Ich habe dich bei deinem Namen gerufen, du bist mein. Du bist wertgeachtet vor meinen Augen und – ich habe dich lieb!« (Jes 43,1-5)

Ärgern Sie sich also nicht! Statt dessen können Sie sich vornehmen, es beim nächsten Mal besser zu machen. Das ist richtiger und in seiner Auswirkung für Sie und andere besser, als mit Ärger zu reagieren. So gehen Sie mit Ihrem Ärger konstruktiv, sich neu motivierend um.

Wie zum Streiten gehören auch zum Ärgern immer zwei: einer, der ärgert, und einer, der sich ärgern läßt. Prüfen Sie sich daher immer zuerst, ob Sie sich ärgern lassen wollen und/oder ob Sie sich selbst ärgern wollen. Wenn Ihnen z. B. der Regen im Urlaub einen Strich durch Ihre Planung macht, so denken Sie daran, daß er für die Natur von großem Nutzen ist und Sie jetzt sogar einmal Zeit finden, das zu tun, wozu Sie sonst nie kommen: Lesen, Musik hören, Briefe schreiben ... Oder wenn Ihnen ein Mißgeschick passiert ist, ärgern Sie sich nicht, indem Sie sich mit Tiernamen betiteln und damit lieblos mit sich selbst umgehen. Denken Sie daran, daß es noch schlimmer hätte kommen können. Das kann sogar Grund zum Danken werden. Sachlich denken bewahrt davor, sich zu ärgern. Ruhig denken bewahrt davor, sich in seinen Zorn hineinzusteigern!

3 Ärger wird im Kopf, in den Gedanken geboren, und die Gedanken lösen Gefühle von Wut, von Zorn aus. Und diese »ärgerlichen« Gefühle verstärken wieder die Gedanken des Ärgers. Das, was in unserem Kopf vorgeht, bestimmt also, ob wir uns ärgern oder nicht.

3.1 Ärger wird vor allem von solchen Menschen und Lebenslagen ausgelöst, auf die wir uns fixieren und von denen wir uns in unserem Denken gefangennehmen lassen.

Dieses Fixieren oder Gefangennehmenlassen geschieht,

- wenn unsere Erwartungen an Menschen und Situationen zu hoch, also nicht realistisch sind;
- wenn uns nicht das ärgert, was wir erleben, sondern das, wie wir empfinden, was wir erleben;
- wenn wir Menschen und ihr Verhalten falsch einschät-

zen und interpretieren, also nicht sachlich, sondern emotional;
- wenn wir uns in Gedanken und Gefühle hineinsteigern und dadurch etwas vorwegnehmen, bevor das Ereignis überhaupt eingetreten ist.

3.2 Den Ärger zu kontrollieren ist ebenso erlernbar wie das Gegenteil – ihm nachzugeben. Es kommt darauf an, den Nutzen des einen wie den Schaden des anderen zu erkennen. Je mehr und öfter jemand explodiert, um so eher wird es ihm zur Gewohnheit. Ärger positiv zu verarbeiten ist besser, als ihn zu schlucken, zu unterdrücken oder »Dampf abzulassen«.

»Dampf ablassen, sich Luft machen« (den Worten unkontrolliert freien Lauf lassen – Spr 29,11), heißt nach Aussagen der Bibel eigentlich wörtlich: »Seinen Geist ganz ausschalten«.

Wer unkontrolliert »Dampf abläßt«, »auf die Palme geht«, »vor Wut platzt«, verletzt andere. Er sündigt mit seinen feindseligen Worten, Gefühlen und Handlungen. Er lebt Aggressionen unverantwortlich aus, und dadurch haben sie eine zerstörende Macht. Davor warnt die Bibel eindeutig: »Der Zornige erregt Streit, und der Hitzige begeht viel Sünde« (Spr 29,22: 14,29; 15,18; 19,19; 22,24.25). Auch das zitierte Wort von Jakobus (Kap. 1,20) warnt davor, sich unüberlegt vom Ärger hinreißen zu lassen.

Aber auch das andere Verhaltensmuster »Ärger in sich hineinfressen« ist unverantwortlich, ja sogar ungesund, denn es macht krank. Was kränkt, macht krank! Ärger, Wut, Zorn wird auch dann zur Sünde, wenn er in einem Menschen schwelt und rumort und nicht verarbeitet wird. Beide Verhaltensmuster sind also unangebracht, weil sie nicht konstruktiv mit dem Ärger, der Wut, dem Zorn umgehen.

3.3 Unser Leben soll nicht primär durch Gefühle des Ärgers bestimmt und regiert werden, auch nicht von Personen, die uns provozieren wollen, sonst handeln wir unter Zwang, werden beherrscht. Wir aber sollen uns bestimmen und beherrschen lassen von Gottes Wort und seinem Heiligen Geist (1. Thess 5,23.24). Das meint Paulus, wenn er schreibt: »Zürnt ihr, so sündigt nicht!« (Eph 4,26). Er unterscheidet zwischen Ärger, Wut, Zorn und Sünde. Das zu tun hilft auch uns, mit dem Zorn konstruktiv fertigzuwerden.

Die Bibel spricht oft vom Zorn, z. B. vom Zorn Gottes, auch daß Jesus zornig wurde (Mt 4,10; 16,23; Joh 2,12-17; Mk 3,5). Doch sein Zürnen trägt die Kennzeichen eines heiligen, göttlichen Zornes. Mose gerät in Zorn über den Mangel an Gottvertrauen bei den Israeliten, als sie am Sinai von Gott abfallen (2. Mose 16,20; 32,19.22). Die Propheten sind Boten des Zornes Gottes (Jer 6,11).

Beim Menschen, der von Jesus Christus und seiner Liebe bestimmt ist, hält diese Liebe den Zorn in Grenzen, hilft, den Ärger, die Wut verantwortlich zu verarbeiten. In 1. Kor 13,5 sagt Paulus: »Die Liebe läßt sich nicht erbittern!« Ärger, Zorn nun aber rundweg als Sünde zu bezeichnen und dafür z. B. Jakobus 1,20: »Des Menschen Zorn tut nicht, was vor Gott recht ist« als Belegstelle undifferenziert anzuführen, wird der Aussage dieses Wortes nicht gerecht, denn der Hinweis: Der Christ sei »langsam zum Zorn« (V. 19) hat ja wohl seine Bedeutung. Sie liegt darin, daß wir lernen, richtig, das heißt verantwortlich, konstruktiv vor Gott mit unserem Ärger umzugehen, den Ärger in die richtigen Bahnen zu lenken – nicht die Selbstbeherrschung zu verlieren, sondern sich von Gottes Geist und Liebe beherrschen zu lassen, auf sein Wort zu hören und ihm ganz praktisch zu gehorchen, dann ärgere ich weder mich selbst noch andere, noch lasse ich mich ärgern (2. Tim 1,7)! Das zu lernen, zu üben und dadurch ein Geübter zu werden, ist möglich!

4 Wie kann man nun ganz praktisch mit Ärger, Wut, Zorn auf richtige, gottgewollte Art und Weise fertigwerden, sie konstruktiv verarbeiten? Anders ausgedrückt: Dieses »Mensch, ärgere dich nicht!« – wie lerne ich das?

4.1 Zunächst ein paar allgemeine Hilfen und Regeln:

- Kontrollieren Sie Ihre Gefühle!
  Reagieren Sie nicht personenbezogen, sondern sachbezogen!
- Kontrollieren Sie Ihre Gedanken!
  Denken Sie nicht situationsbezogen, sondern verheißungsbezogen!
- Kontrollieren Sie Ihr Sprechen!
  Reden Sie nicht problemorientiert, sondern lösungsorientiert!
- Kontrollieren Sie Ihr Verhalten!
  Handeln Sie nicht unsachlich, sondern sachlich!
  Denn »reich an Einsicht« ist (Spr 14,29), wer seine Gefühle unter Kontrolle hat.

4.2 Hier nun einige Erläuterungen zu diesen grundsätzlichen »Regeln«:

- Mit Ärger wird man am besten fertig, wenn man auf die Lösung, nicht auf das Problem orientiert ist. Lösungsorientierte Menschen wollen den andern nicht »fertigmachen«, sondern klären ab, wer wofür verantwortlich ist und auf welchem Weg man eine biblische Lösung findet. Sie sind von der Liebe Jesu bestimmt (1. Kor 13).
- Ich stelle nicht sofort – im Affekt – den oder die anderen zur Rede. Die Gefahr ist, daß mir etwas heraus-

rutscht, was ich später bereue. Ich warte aber auch nicht zu lange – sonst wird der Anlaß vergessen, und ich ärgere mich – diesmal darüber, die Sache nicht geklärt zu haben (Jak 3,1-12; Sir 23,1-20).

- Ich bringe meinen Ärger ruhig an den Mann oder die Frau. Ich bereite mich im Gebet auf das klärende Gespräch vor (1. Tim 2,8).
- Ich konfrontiere den Menschen, über den ich mich geärgert habe, zunächst nicht vor Zeugen mit meinem Ärger. Niemand hat es gern, wenn seine Leistungen oder sein Verhalten vor anderen erörtert werden (Mt 18,15-20).
- Ich beschränke meine Kommentare wirklich nur auf das Verhalten, das Problem, das mich geärgert hat. Ich mache keine Pauschalvorwürfe und beleidige nicht den Menschen (Jak 1,19.20).
- Ich sage die Wahrheit in Liebe und vermeide Spitzen, die den anderen verletzen (Kol 3,12-17).
- Ich lasse nicht die Sonne über meinem Zorn untergehen, packe also das Problem heute an (Eph 4,26).
- Ich muß nicht jeden Ärger dem anderen vorhalten. Es gibt auch viele Dinge, die ich mit der Liebe Jesu zudekken kann (1. Petr 4,8).
- Doch es gibt auch Probleme, die ich nicht einfach in Liebe zudecken kann, sonst nagen und fressen sie weiter in mir. Solche Probleme will ich offen besprechen und klären. Hier heilt nicht die Zeit Wunden, sondern trägt vielmehr dazu bei, daß die Wunden eitern.
- Ich will meinen Ärger in Gedanken und Gefühlen nicht pflegen, aber auch nicht so tun, als wäre alles okay, sonst lüge ich und »rede nicht die Wahrheit mit meinem Nächsten«. Ich störe damit nicht nur die Kommunikation, sondern auch das Funktionieren des Leibes Jesu, der Gemeinde (1. Kor 12).

4.3 Ziel all dieser unserer Bemühungen ist: Frieden, Versöhnung, Vergebung (Eph 4,32). Das folgende Gebet, das Franz von Assisi zugeschrieben wird, kann uns dabei helfen. Wer es sich zu eigen macht, täglich diese Worte in seinem Herzen bewegt und dadurch die Gesinnung Jesu in sein Herz, sein Denken und Fühlen hereinläßt, der lernt, mit Ärger konstruktiv umzugehen und damit Jesus die Ehre zu geben.

»O Herr, mach mich zum Werkzeug deines Friedens,
daß ich Liebe übe da, wo man sich haßt,
daß ich verzeihe da, wo man sich beleidigt,
daß ich verbinde da, wo Streit ist.

O Herr, mach mich zum Werkzeug deines Friedens,
daß ich Hoffnung wecke, wo Verzweiflung quält,
daß ich ein Licht anzünde, wo es dunkel ist,
daß ich Freude bringe da, wo Kummer wohnt.

O Herr, mach mich zum Werkzeug deines Friedens,
nicht, daß ich getröstet werde, sondern daß ich tröste;
nicht, daß ich verstanden werde, sondern daß ich verstehe;
nicht, daß ich geliebt werde, sondern daß ich liebe.

O Herr, mach mich zum Werkzeug deines Friedens,
denn wer da hingibt, der empfängt, wer verzeiht,
dem wird verziehen, und wer da stirbt, wird ewig leben.

O Herr, mach mich zum Werkzeug deines Friedens.«

Fragebogen zu Kapitel 5
Ich ärgere mich!

1.1 a) Worüber haben Sie sich in der letzten Woche besonders geärgert?

b) Welche Situationen, welche Menschen sind immer wieder neu Anlaß zum Ärgern für Sie?

c) Warum ist Ärger an sich nichts Negatives?

d) Worauf kommt es aber an, wenn wir uns ärgern?

1.2 a) Welche positiven Funktionen des Ärgers haben Sie selbst schon feststellen können? Nennen Sie konkrete Beispiele.

b) In welchen Lebenssituationen haben Sie die aufgeführten negativen Funktionen von Ärger gespürt?

c) Bei welchen dieser hier genannten Verhaltensweisen haben Sie sich »wiedergefunden« – welche haben auch Sie bisher praktiziert?

d) Was ist schlecht daran?

2.1 a) Wann wirken sich Gereiztheit, Ärger und Zorn zerstörerisch aus?

Zum Bedenken: Ps 37,1; Eph 4,26; Jak 1,20

b) Welche Folgen hat das Ärgerlich-werden?

c) Was sehen Sie als Auslöser *Ihres* Ärgers an?

d) Schreiben Sie *fünf* Situationen auf, in denen Sie gedacht oder gesagt haben: »Das hat mich geärgert« oder: »Er/sie hat mich aufgeregt«, und wo Sie eigentlich hätten sagen müssen: »*Ich* habe mich geärgert.«

Zum Bedenken:
»Nichts von dem, was wir im andern verachten, ist uns selbst ganz fremd. Wie oft erwarten wir von anderen mehr, als wir selbst zu leisten gewillt sind.« (Dietrich Bonhoeffer)

2.2 a) Warum ist es schwer, positiv mit Ärger umzugehen, solange wir andere Menschen und Lebensumstände dafür verantwortlich machen?

____

____

____

____

____

Zum Bedenken: Röm 12,2; Eph 4,29, Kol 3,12-17

b) Suchen Sie ein anderes Beispiel dafür, wie Sie künftig mit Ärger konstruktiv umgehen könnten.

____

____

____

____

c) Über welche Situationen, in denen Sie sich bisher immer geärgert haben, wollen Sie künftig versuchen, sachlicher zu denken?

____

____

____

____

____

3.1 a) Wo und wie entsteht Ärger?

b) Durch welche Lebenslagen und Menschen wird Ärger vor allem ausgelöst?

c) Versuchen Sie, mit Ihren Worten zu erklären, wodurch das Fixieren oder Gefangennehmenlassen unseres Denkens geschehen kann – wodurch es bei Ihnen bisher geschehen ist.

3.2 a) Können Sie dem Satz zustimmen: »Seinen Ärger zu kontrollieren ist erlernbar«?

Welche Erfahrungen haben Sie damit gemacht? Wo gab es Schwierigkeiten?

Zum Bedenken:
»Es ist eine Kunst zu schweigen, wenn man reden möchte und zu reden, wenn man schweigen möchte.«
(Verfasser unbekannt)

b) Warum sind beide Verhaltensweisen – sowohl »unkontrolliert Dampf ablassen« als auch »in sich hineinfressen« – unverantwortlich und ungesund?

c) Zu welcher Verhaltensweise neigen Sie von Ihrem Lebensstil her eher – zum Hinunterschlucken oder zum Explodieren?

d) Welche negativen Folgen haben sich daraus ergeben?

Zum Bedenken (und evtl. zum Mitsingen) der Refrain:
»Mensch, ärgere, Mensch ärgere dich nicht.
Dein Ärger knickt dein Herz und dein Gesicht.
Allein die Freude führt zum Ärgerschwund.
Zur Freude gibt dir Jesus allen Grund.
Zur Freude gibt dir Jesus allen Grund.«

3.3 a) Warum sollen wir nicht von Gefühlen des Ärgers bestimmt werden, sondern vom Wort Gottes und seinem Heiligen Geist?

____

____

____

____

____

b) Suchen Sie noch andere Bibelstellen dazu.

____

____

____

____

c) Erklären Sie den Unterschied zwischen menschlichem und heiligem Zorn.

____

____

____

____

Zum Bedenken:
Jesus: Mt 4,10; 16,23; Joh 2,12-17, Mk 3,5
Mose: 2. Mose 16,20; 2. Mose 32,19.22; Propheten: Jer 6,11

d) Versuchen Sie, das Pauluswort »Zürnet ihr, so sündiget nicht« mit Ihren eigenen Worten wiederzugeben.

4.1 Welche dieser vier Regeln fällt Ihnen schwer zu beachten?

4.2 a) Denken Sie an ein aktuelles Geschehen, das Sie geärgert hat: Welche der hier genannten Hinweise sollten Sie in dieser Situation praktizieren?

b) Vielleicht haben Sie darüber hinaus ja noch andere Verhaltensweisen ausprobiert, mit denen Sie den Ärger positiv bewältigt haben?

4.3 a) Welche Ziele stehen hinter Ihren Bemühungen, Ärger zu bewältigen?

b) Haben Sie Ihre Ziele erreicht?

c) Was bleibt noch zu tun?

Persönliche Überlegungen

Abschlußfrage:

Welche Hilfestellung hat Ihnen dieses Kapitel gegeben, künftig anders mit Ärger umzugehen?

Kapitel 6
Wer neidet, leidet

Kapitel 6

Wer neidet, leidet

1 Niemand möchte, daß man über ihn sagt, er sei neidisch. Ausgerechnet neidisch? Obwohl es niemand sein will, bleibt doch keiner davon verschont, und sei es nur im Ansatz. Diese negative Begehrlichkeit ist häufiger in den Gedanken und Gefühlen – auch von Nachfolgern Jesu – anzutreffen, als viele bereit sind zuzugeben. Wer das aber nicht wahrhaben will und die Augen davor verschließt, ist blind dafür, wie sehr sein Leben davon bestimmt wird.

Neid verhindert ein Leben in Harmonie mit sich selbst, mit Gott und dem Nächsten. Die Wurzel des Neides liegt darin, daß man sich um sein Glück betrogen fühlt und dem andern mißgönnt, was man selbst nicht hat.

Neid gibt es in allen Bereichen des Lebens, nicht nur in materieller Hinsicht. Es gibt auch Neid im Hinblick auf die Gesundheit, die Begabung und Wesensart anderer Menschen. Es gibt Neid hinsichtlich der Lebensverhältnisse anderer. Da ist z. B. der Neid um den Mann, wenn man selbst unverheiratet ist. Oder da ist der Neid um die Frau eines anderen, weil man sieht, daß er glücklicher mit ihr ist, als man sich selbst in der eigenen Ehe fühlt. Es gibt den Neid um die Kinder anderer Ehepaare, wenn man selbst keine Kinder hat oder wenn die Kinder der anderen besser geraten sind und mehr erreicht haben als die eigenen. Es gibt den Neid der Kinder um andere Eltern, wenn sie selbst mit Vater und Mutter nicht auskommen oder wenn sie sie verloren haben.

Solche neidischen Empfindungen wirken sich in vieler Hinsicht negativ aus (Jak 3,16). Sie zerstören die Gemeinschaft, verschließen die Herzen – oft ohne daß etwas nach außen offenbar wird. »Neid ist wie Eiter in den Gebeinen!« (nach Spr 14,30). Darum leidet der Mensch, der neidet, bewußt oder unbewußt. Dieses Leiden wird dann noch dadurch verstärkt, daß ein solcher Mensch im Gewissen spürt: »So sollte ich nicht sein. Gott will das nicht.« Es stimmt, Gott will das nicht, daß ein Mensch von neidischen Gedanken und Gefühlen beherrscht wird (Röm 13,13). Gott will aber einen solchen Menschen auch nicht noch unglücklicher machen, als er aufgrund seiner Situation schon ist. Es ist vielmehr Gottes Absicht, durch sein Wort dazu beizutragen, daß ein Mensch seine neidische Haltung überwinden kann.

2 Welche Möglichkeiten gibt es nun, mit dieser lebensfeindlichen Empfindung richtig umzugehen, sie zu bewältigen?

2.1 Werden Sie sich als erstes über *Ihr Verhältnis zu Gott*, Ihrem Vater, klar. Wie stehen Sie zu ihm? Haben Sie Bedenken im Hinblick auf seine Führung in Ihrem Leben? Diese Bedenken sollten ausgeräumt werden. Einige Hilfen dazu:

2.2 *Meinen Sie nie, Gott habe Sie nicht lieb, wenn er Ihnen Wünsche abschlägt.*

Oft stehen wir in Gefahr zu denken, wir müßten uns zuerst nach Gott ausstrecken und seine Liebe suchen; wir müßten Gott erweichen, sich uns zuzuneigen. Aber so ist es nicht! Wir haben keine Vorleistung zu bringen, damit Gott sich daraufhin uns zuwendet. »Darin besteht die Liebe: nicht, daß wir Gott geliebt haben, sondern daß er uns geliebt hat – zuerst geliebt – und gesandt seinen Sohn zur Versöhnung für unsere Sünden« (1. Joh 4,10). Daß Gott uns zuerst geliebt hat, ist nicht nur eine Wunschvorstellung, sondern eine feststehende Tatsache, die ein für allemal gilt (Joh 3,16).

Was könnten denn wir Menschen Gott schon »mitbringen«? Was könnten wir denn für Voraussetzungen schaffen, damit er uns so in Liebe begegnet? Wenn wir es ehrlich eingestehen, dann ist es doch so, daß Gott unsere gottverlassene, todverfallene Existenz gegen das ewige Leben eintauschte. Und wenn schon die Rede sein soll von dem, was bei uns zuerst da war, was wir Gott »mitbrachten«, müßten wir da nicht unser Mißtrauen gegen ihn nennen oder unsere Angst vor seiner Nähe? Vielleicht sogar unseren Widerwillen gegen seine bedingungslose Gnade, weil wir auch selbst etwas zu unserer Errettung beitragen möchten? Oder unsere Selbstsucht, mit der wir Gott und alle Dinge uns und unseren Zwecken dienstbar machen wollen, und unseren Neid, der sich nach dem ausstreckt, was uns nicht gehört?

Gott findet bei uns gar nichts vor, das ihn reizen, drängen oder gar nötigen könnte, uns zu lieben. Er hat uns seine Liebe aus freien Stücken zugewandt.

Lassen Sie sich diese Liebe gefallen! Gott will Ihr grenzenloses Vertrauen, das für sich in Anspruch nimmt: Gott liebt mich. Er läßt mich nicht im Stich. »Euer Vater weiß, was ihr bedürft, bevor ihr ihn bittet« (Mt 6,8).

2.3 *Meinen Sie nie, Gott wirke nicht zu Ihrem Besten, wenn er Ihnen Wünsche abschlägt.*

Viele sehen darin eine Lösung, ihren Neid zu bewältigen, daß sie meinen, Gott könne doch ihre Wünsche erfüllen. Wenn er ihnen das schenke, was sie so sehnlichst erbitten, dann wären sie nicht mehr neidisch. Gebete, die so motiviert sind, orientieren sich nicht am Willen Gottes. Sie haben daher auch nicht die Verheißung der Erfüllung. Es ist klar: gegen den Willen Gottes zu beten, ist aussichtslos. Tun wir es trotzdem, schaden wir uns selbst; denn wir beten für etwas, das wir nicht bekommen, und vergeuden damit unsere Zeit und Kraft.

Überprüfen Sie doch einmal Ihr Gebetsleben. Es gibt Gebete, die jahrelang in der Verborgenheit eines Menschenlebens, in der Einsamkeit schlafloser Stunden und Nächte, manchmal unter Tränen und Bitterkeit zu Gott gekommen sind und noch kommen. Und es scheint, als habe er nicht gehört. Dabei hat er längst gehört, wenn vielleicht auch auf andere Art und Weise als erhofft – nur will der Bittende es nicht wahrhaben.

Sollte es sein, daß Sie im Gebet von Gott etwas erzwingen wollen, dann würde es Ihnen besser nicht zuteil werden. Ertrotzen bringt nichts Gutes ein!

Wenn Sie ehrlich nach Gottes Willen fragen, werden Sie spüren, wenn Gott selbst Ihnen etwas aufs Herz legt. Und wo Ihnen das nicht klar ist, sollten Sie im Gebet fragen: »Herr, was ist dein Wille?« Fragen Sie aber aufrichtig, bereit, Gottes Willen zu akzeptieren. Damit bringen Sie zum Ausdruck, daß Sie sich dem Vater im Himmel ganz unterordnen, von ihm abhängig sein wollen. Damit geben Sie aus freien Stücken Ihr Ja zu dem Weg, den Gott Sie führt. Sie vertrauen ihm, daß er Ihnen geben wird, was für Sie gut ist und Ihnen zum Besten dient (Röm 8,28).

2.4 *Meinen Sie nie, Gott verstehe Sie nicht, wenn er Ihnen Wünsche abschlägt.*

Als Kind Gottes können Sie immer davon ausgehen, daß die Bedürfnisse und Wünsche Ihres Lebens bei Gott, Ihrem Vater, bekannt und anerkannt sind. Es ist etwas Wunderbares, wenn man jemanden kennt, dem man alle seine Wünsche, auch die verborgensten, sagen darf – und weiß: Er versteht mich (Ps 139,2)! Das dürfen Sie unbekümmert und vertrauensvoll vor Gott im Gebet tun. Es gibt ja so viele Wünsche in uns. Sagen Sie diese Wünsche Gott, oder verdrängen Sie sie? Verdrängen ist kein Sieg; daraus erwächst nur um so intensiver der Neid, der wie »Eiter in den Gebeinen« ist.

Es gibt einen anderen Weg, diese Not zu überwinden. Haben Sie den Mut, sich einzugestehen: »Ja, so bin ich. Solche Gedanken, Wünsche, Begierden stecken in mir.« Diese ehrliche Haltung ist besser, als zu sagen: »Das darf doch nicht wahr sein, daß ich so negativ denke und fühle, daß ich solche Wünsche habe; so darf ich doch nicht denken.«

Warum wohl dieses Denken so oft unter Gottes Kindern verbreitet ist? Warum haben sie oft viel mehr Hemmungen, ihre Wünsche einzugestehen als andere Menschen? Dabei haben wir doch einen Vater im Himmel, der uns versteht und keinen Menschen wegen seiner Wünsche verachtet, sondern der vielmehr will, daß wir solche Gedanken aufarbeiten, bewältigen.

Wer statt dessen ständig seine geheimen Wünsche oder negativen Gedanken unterdrückt und verdrängt, kann zwar erreichen, daß bestimmte Dinge nicht in seinem Bewußtsein aufsteigen. In Wirklichkeit aber vergiften diese verdrängten Gedanken und Gefühle das Unterbewußtsein und können sich in psychosomatischen Krankheiten auswirken. Verdrängen ist also falsch proklamierter Sieg über den Neid. Daraus erwächst keine Hilfe und kein Heil.

Haben Sie den Mut zuzugeben: »Ja, ich habe neidische Gedanken. So bin ich. Aber Gott will, daß ich nicht so bleibe. Er will mir helfen, mit dem Neid fertigzuwerden.« Das ist eine herrliche Erfahrung, wenn Sie erleben, wie befreit Sie sich fühlen, wenn Sie nichts mehr verdrängen müssen, weil Sie wissen: Gott versteht mich. Er entzieht mir nichts aus Böswilligkeit.

2.5 *Meinen Sie nie, Gott sei gegen Sie, wenn er Ihnen Wünsche abschlägt.*

Das ist eine gute Nachricht: Gott ist nicht gegen uns. Er ist für uns (Röm 8,31 ff). Er will uns gut durch die Zeiten bringen und uns helfen, wenn es um die Bewältigung des Problems Neid geht. Ihm ist nicht gleichgültig, wie wir damit fertig werden. Er will vor allem nicht, daß wir unser Fehlverhalten, wenn es in unserem Leben auftritt, verharmlosen und entschuldigen. Wir können ihn auch nicht umstimmen, unseren Neid zu bejahen. Diesbezüglich läßt Gott nicht mit sich reden. Wenn wir aber unser Fehlverhalten einsehen, ist er da, um uns zu helfen, es zu bewältigen.

Es wäre ja unser Verhängnis, wenn Gott, unser Vater sich da umstimmen ließe. Nein, dann wäre er nicht mehr für uns; denn dann wären wir ihm gleichgültig. Indem Gott für uns ist, verbietet er uns Dinge, erfüllt er Wünsche nicht, verbaut er uns Wege, die wir gern gehen möchten, macht er uns auf Menschen aufmerksam, denen wir lieber nicht begegnen möchten; beauftragt er uns, bestimmte Angelegenheiten zu erledigen, die uns unangenehm sind. Gott ist trotzdem für uns, auch wenn uns manches nicht gefällt. Wir sollten nicht versuchen, ihn umzustimmen, sondern sollten aufmerksam werden, wenn wir merken, daß Gott unseren Weg blockiert, uns Wünsche nicht erfüllt. Statt dann neidisch zu werden auf solche, die ihren Weg anscheinend ohne Schwierigkeiten gehen, gilt es für uns, dem Mahnen des Heiligen Geistes gehorsam zu sein. Gott hat seinen Weg mit uns. Das bringt – auch wenn es vordergründig nach Nachteilen aussieht – letztlich immer Gewinn.

2.6 *Meinen Sie nie, Gott kenne Sie nicht recht, wenn er Ihnen Wünsche abschlägt.*

Immer wieder passiert es, daß wir meinen, wir müßten Gott richtig über uns informieren. Das ist nicht nötig. Gott weiß genau Bescheid über uns, über unsere Vorsätze, unsere Neigungen, unsere Siege, unsere Niederlagen, unsere Beziehungen, unsere Gedanken – er weiß Bescheid über alles (Ps 139,1). Wir müssen ihn also nicht erst einweihen ins Geschehen unserer Herzen und ihm sagen: »So und so ist die Sache, und wenn du mir nicht diesen Wunsch erfüllst, wird sie so und so ausgehen...« Nehmen wir zur Kenntnis: Gott schätzt uns richtig ein. Gott weiß auch ganz genau, was wir tatsächlich benötigen. Er sieht unseren Weg vor sich (Ps 1,6). Wäre er von unseren Informationen, unseren Wünschen abhängig, so wäre er nicht mehr Gott; unser Vertrauen zu ihm wäre dauernd Schwankungen unterworfen. Weil Gott aber ohne unsere Informationen auskommt, bewahrt er uns vor manchen Fehlentscheidungen (Joh 10,27).

Es wäre allerdings eine falsche Schlußfolgerung zu sagen: »Dann brauche ich ja gar nichts mehr mit Gott zu besprechen.« – Doch, gerade das will er. Bis in die Einzelheiten unserer Wünsche sollen wir ihm alles sagen, was uns bewegt, und zwar nicht um seiner Information willen, sondern weil er im Gespräch mit uns sein möchte und weil es gut für uns ist, wenn wir in ständiger Verbindung mit ihm stehen. Und wenn wir ihm alles gesagt haben, dürfen wir ruhig werden. Wir müssen nicht solange beten, bis unsere Wünsche erfüllt sind. Im Glauben beten heißt: Gott vertrauen, daß er recht entscheidet. Er wird die Bitte erfüllen, wenn es dem Bittenden zuträglich ist.

Machen Sie sich bewußt: Gott ist auf Ihrer Seite und wird sich so verhalten, daß Sie sich wundern werden, wenn er nach seinem Rat Ihre Sache hinausführt.

Dieses Wissen: Gott liebt mich,
er wirkt zu meinem Besten,
er versteht mich,
Gott ist für mich,
Gott kennt mich,

ist Grundvoraussetzung zur Bewältigung des Neides. Wenn ich mich von Gott angenommen und bejaht weiß, ist dem Neid die bohrende, zersetzende Spitze genommen. Ich höre auf, mich gerade auf die unerfüllten Bereiche meines Lebens, in denen ich besonders meinen Mangel empfinde, bitter zu fixieren. Dadurch ist die Tür offen zum Frieden, zur Zufriedenheit mit mir selbst, weil ich mit Gott Frieden habe. Damit tut sich aber auch die Tür auf zum *Frieden mit meinem Mitmenschen*. Ich lerne, ihm sein Leben, sein Glück nicht zu mißgönnen, sondern zu gönnen.

Wie komme ich konkret dazu?

3 *Bejahen Sie zunächst einmal Ihre Lebenssituation.*

3.1 Es ist für unser Leben von großer Bedeutung, jede Chance wahrzunehmen, die sich uns bietet, um eine Lebenssituation anzuerkennen und zu bejahen. Wer glücklich sein will und damit die Absicht Gottes erfüllt, sollte versuchen, so rasch wie möglich eine Lebenssituation anzuerkennen: Sei es im Kleinen, wie z.B. eine verpaßte Straßenbahn, oder auch im Großen, wie z.B. eine verlorene Arbeitsstelle. Akzeptieren Sie solche und andere Situationen, sobald Sie nur können.

Viele Menschen laufen in der ersten Hälfte ihres Lebens Wunschbildern und Situationen nach, die sie niemals erreichen können und rätseln in der zweiten Hälfte ihres Lebens daran herum, warum es ihnen nicht gelungen ist.

Dadurch kommen sie in ihrem ganzen Leben nicht zu dem, was Gott ihnen hat schenken wollen. Sie leiden nur noch mehr, und verhindern durch ihr Verhalten gerade das, was sie eigentlich haben wollen: ihr Glück (1.Thess 4,3; 1. Joh 2,17; 5,14; Hebr 10,7.10.36; 13,21).

Folgendes Gebet kann helfen bei dieser Lebensbewältigung und damit auch bei der Neidbewältigung: »Herr, gib mir den Mut, das zu ändern, was ich ändern kann, die Gelassenheit, das Unabänderliche zu ertragen, und die Weisheit, zwischen beiden zu unterscheiden.«

3.2 *»Herr, laß mich dankbar sehen, was du mir geschenkt hast.«*

Neid engt den Lebenshorizont immer mehr ein. Zum Schluß scheint das Leben nur noch aus Verzicht zu bestehen, denn man sieht nur noch das, was man selbst nicht bekommen hat und was – scheinbar – alle anderen haben. Dann regiert Bitterkeit im Leben und alles, was Gott uns ein Leben lang zugewendet hat, findet keinen Eingang ins Bewußtsein. Man vergißt es, man übersieht es, man ignoriert es, man nimmt es für selbstverständlich. Dabei ist gar nichts selbstverständlich. Oder ist es selbstverständlich,

– daß wir seit Jahrzehnten Frieden haben,
– daß wir ein Dach über dem Kopf haben,
– daß unser Lebensunterhalt reicht, auch wenn gerechnet werden muß,
– daß wir unsere Sinne gebrauchen können,
– daß eine gefürchtete Operation gut verlief,
– daß die Kraft zum Leben mit Schmerzen gegeben wurde,
– daß der Ehefrieden erhalten blieb,
– daß keine Spannungen die nachbarlichen Kontakte belasten,
– daß ein Herzenswunsch in Erfüllung ging?

Wenn Sie sich einmal Zeit nehmen und überlegen, was Sie in Ihrem Leben alles nicht als selbstverständlich nehmen wollen, werden Sie diese Aufzählung sicher um viele Punkte erweitern können.

Wir wollen lernen, nicht neidisch nur auf das zu sehen, was andere haben, sondern den Wert unseres Lebens vor allem in dem zu suchen, was Gott uns geschenkt hat; wir wollen das anerkennen, was wir haben, und ihm dafür danken (Ps 50,23; 107,22; Eph 5,20).

3.3 *»Herr, lehre mich umdenken, indem ich sehe, daß auch der andere nicht alles hat.«*

Wenn Neid das Herz beschleicht, dann wollen wir die Erfüllung und das Glück des andern haben. Wir wären aber kaum bereit, seinen Verzicht zu übernehmen, uns seine Lasten zu wünschen, seinen Mangel, seine Schuld auf uns zu nehmen. Wir möchten nur das Positive aus seinem Leben, nur das, was uns Glück einbringt.

Neid engt nicht nur den Horizont des eigenen Lebens ein, er engt auch den Horizont ein im Hinblick auf den anderen, denn man sieht nur noch, worin es dem andern gutgeht, und möchte das auch haben. Doch dieses unkontrollierte Begehren vergiftet menschliche Verhältnisse und verwirrt Situationen (5. Mose 5,18).

An dieser Stelle sollte man seine eigenen Empfindungen immer wieder kontrollieren. Dazu ein Beispiel: Angenommen, ein Ehepaar wünscht sich eigene Kinder. Sie sind ihm aber aus irgendeinem Grund verwehrt. Ein anderes befreundetes Ehepaar hat Kinder. Man lebt nun miteinander und leidet ein halbes Leben lang an diesem verweigerten Wunsch, den man immer im Leben des andern erfüllt mitansehen muß. Die Kinder werden größer und man beobachtet, daß mit ihnen nicht nur Freude, Segen und Gewinn verbunden ist, sondern auch eine Aufgabe. Man entdeckt, daß die Eltern Schwierigkeiten in der Erziehung haben. Man sieht, daß sie an ihren Kindern auch leiden müssen. Welche Empfindungen steigen dann im Herzen dieser Menschen auf? Ist es Schadenfreude: »Das geschieht ihnen ganz recht!«? Empfinden sie das als den gerechten Ausgleich für das ihnen versagt gebliebene Glück? Gönnen sie den anderen den bitteren Tropfen im Kelch der Freude? Wer so empfindet und sich davon beherrschen läßt, und sei es auch nur ganz heimlich, verborgen im Innersten, betrügt sich selbst.

Man muß lernen, mit *seinem* Leben zu leben, es auszukosten und dabei nicht übersehen, daß es dem andern grundsätzlich ähnlich geht.

3.4 *»Herr, lehre mich, mich zu freuen mit den Fröhlichen und zu weinen mit den Weinenden« (Römer 12,15).*

Es gibt eine Möglichkeit, sich mit dem Glück und der Freude des andern zu verbinden und darum selbst glücklich zu werden. Das schließt aber auch die Bereitschaft ein, mit ihm seine Lasten zu tragen. Wer sich so an der Freude des andern freut und mit ihm in seiner Trauer leidet, hat einen Weg beschritten, auf dem er freiwerden kann aus dem verengenden Horizont eines neidischen Herzens zu der Weite echter menschlicher, gottgewollter Gemeinschaft.

Viele wagen es nicht, dem andern ihre Freude zu zeigen, weil sie Angst haben, daß der andere sie nicht erträgt, oder sich nicht mitfreuen kann. So wagen viele auch nicht, einander das Leid zu sagen, weil sie niemand damit belasten wollen oder aber auch, weil sie befürchten, nicht auf Verständnis zu stoßen. Viele Menschen sind unfähig, Trauernde zu trösten. Denn man kann einen Trauernden ja nicht damit aufrichten, daß man ihm sagt, er solle nur an das Gute in seinem Leben denken, das er auch noch hat. Vielleicht hat er sich selbst das auch schon hundertmal gesagt. Aber trösten würde es ihn, wenn jemand mit ihm trauert.

Wenn Sie jemals einem Menschen nahe gewesen sind, der über irgendeinen Verzicht, einen Verlust, eine nicht erfüllte Lebenserwartung trauert, trauern Sie mit ihm. Teilen Sie das Leid seines Herzens, und wenn Sie können, weinen Sie mit ihm. Begegnen Sie aber Menschen, die sich freuen, dann freuen Sie sich mit ihnen. Sie werden entdekken, daß Sie selbst glücklicher werden. Manche haben gelernt, sich mit andern zu freuen, als ob die Freude der anderen ihre eigene wäre. Dieses Sich-Mitfreuen kann einen ungeahnten Reichtum ins Leben bringen und mit einem tiefen Glück erfüllen.

4 Wo immer im Leben einem Menschen etwas versagt bleibt, entsteht eine Wunde, die Schmerzen verursacht. Nun kann man diesen Schmerz zu bewältigen versuchen, indem man sich im Selbstmitleid verschließt, sich bedauert und andere beneidet, die diese Wunde nicht zu tragen haben. Dann wird man aber blind für die Wunden, an denen andere bluten und verstärkt dadurch sein eigenes Leiden. Außerdem bringt man sich um eine wertvolle Erfahrung, die man nur im Annehmen des Verzichts, des Schmerzes findet: nämlich die Erfahrung der eigenen Lebenserfüllung (Ps 73).

Lassen Sie sich einladen, diesen Weg zu gehen und den Verzicht anzunehmen, negative Empfindungen wie den Neid zu überwinden und mit Gottes Hilfe sich »zu freuen mit den Fröhlichen und zu weinen mit den Weinenden«. So wird Ihr Herz offen werden zu dem Dank für das, was Gott Ihnen ganz persönlich gegeben und zugesprochen hat in seiner Liebe. Das überwiegt alles Leiden und Verzichten bei weitem (Ps 91,14; 145,19).

Fragebogen zu Kapitel 6
Wer neidet, leidet

1 a) Warum möchte niemand als neidisch angesehen werden?

b) Wie entsteht Neid und wie wirkt er sich aus?

Zum Bedenken:
1. Mose 37, 11.18; Jak 3,16

c) Haben Sie auch schon gedacht, anderen gehe es besser als Ihnen?

Worin – worum beneiden Sie andere?

Zum Bedenken:
»Laß mich mit Freuden ohn alles Neiden sehen den Segen, den du wirst legen in meines Bruders und Nächsten Haus. Geiziges Brennen, unchristliches Rennen nach Gut mit Sünde, das tilge geschwinde von meinem Herzen und wirf es hinaus.«(Paul Gerhardt)

d) Welche negativen Auswirkungen des Neides können Sie in Ihrem Leben feststellen?

____

____

____

Zum Bedenken:
»Vergleichen ist das Ende des Glücks und der Anfang der Unzufriedenheit.«
(Sören Kierkegaard)

»Auf den Neid sich einlassen heißt, sich den Stachel des Unglücks und der Unzufriedenheit immer tiefer ins eigene Fleisch zu bohren.«
(Christa Meves)

»Der Neid sieht zu seiner eigenen Pein nur alles Fremde groß und alles Eigene klein.«
(Friedrich Rücker)

2.1 a) Wie ist Ihre Beziehung zu Gott, Ihrem Vater?

____

____

____

____

b) Und wie denken Sie über seine Führung in Ihrem Leben?

____

____

____

____

Zum Bedenken:
Ps 32,8; 86,11

2.2 a) Wie kann es dazu kommen, daß ein Mensch denkt, er müsse erst etwas leisten, bevor Gott sich ihm zuneigt?

____

____

____

b) Haben Sie auch schon so gedacht?

____

____

____

c) Welche biblischen Zusagen helfen, aus diesem falschen Denken herauszukommen? Nennen Sie Bibelstellen dazu.

____

____

____

d) Was hindert Sie, sich die Liebe Gottes »einfach so gefallen zu lassen«?

____

____

____

2.3 a) Gibt es unerfüllte Wünsche, an denen Sie im Gebet festhalten? ________________________
Welche sind es?

____

b) Welche Motive können hinter dem Festhalten an Wünschen stehen?

c) Haben Sie im Gespräch mit Gott schon geprüft, ob Sie diesen Herzenswunsch vielleicht aufgeben sollten, weil Gott – gerade weil er Ihr Bestes will – ihn nicht erfüllen kann?

d) Was löst dieser Gedanke – diesen Herzenswunsch aufzugeben – in Ihnen aus?

Zum Bedenken:
»Wünsche, an die wir uns zu sehr klammern, rauben uns leicht etwas von dem, was wir sein sollen und können.
Es gibt erfülltes Leben trotz vieler unerfüllter Wünsche.«
(Dietrich Bonhoeffer)

e) Vielleicht aber dürfen Sie von Gott her daran festhalten und sollten ihm Ihren Wunsch vertrauensvoll zur »Bearbeitung zu *seiner* Zeit« überlassen. Was könnte Ihnen dabei helfen?

Zum Bedenken:
»Wollen wir uns nicht davor hüten, die Dinge ungeduldig in unsere eigene Hand zu nehmen? Wenn wir wirklich Gottes harren, so sind die Hindernisse, die er nicht wegnimmt, Bewahrungsmittel in seiner Hand, die uns vor falschem Weg behüten und in uns die Seelenverfassung wirken, die nötig ist, ehe er sein Bestes geben kann.«
(Hudson Taylor)

f) Überlegen Sie doch auch einmal, ob Gott Sie vielleicht auf eine andere Weise als von Ihnen erwartet – eben auf *seine* Weise – bereits erhört hat?

2.4 a) Machen Sie sich Ihre geheimsten, verborgensten Wünsche bewußt. Bringen Sie sie unbekümmert und vertrauensvoll zu Gott, Ihrem Vater? Oder wie gehen Sie sonst damit um?

b) Falls Sie bisher vielleicht meinten, Ihre geheimsten Wünsche verdrängen zu müssen, was könnte Ihnen dann künftig helfen, dies nicht mehr zu tun?

____

____

____

____

c) Haben Sie den Mut, sich zuzugestehen und Gott zu sagen: »Ja, ich bin ____________________; ich habe ________________________________«!?

2.5 a) Suchen Sie noch andere Bibelstellen, die zeigen, daß Gott *für* uns ist.

____

____

____

____

b) Warum kann Gott unseren Neid nicht bejahen?

____

____

____

c) Was hindert Sie, diesen Satz nachzusprechen: »Dies und jenes gefällt mir zwar nicht in meinem Leben, aber ich weiß trotzdem, daß Gott für mich ist, auch wenn er diese Dinge nicht wegnimmt oder mir das, was ich mir wünsche, nicht gibt«?

____

____

____

____

2.6 a) Sind Sie sich bewußt, daß Gott Sie kennt und Sie richtig einschätzt? Was macht Sie diesbezüglich gewiß?

b) Warum sollen wir trotzdem mit Gott reden, obwohl er uns und unsere Lebenssituation durch und durch kennt?

c) Welches Wissen könnte man als Grundvoraussetzung zur Bewältigung des Neides ansehen?

d) Wann ist dem Neid die bohrende Spitze genommen, und welche Auswirkung hat das im Hinblick auf Gott, auf andere Menschen und auf mich selbst?

3.1 a) Welche Gründe gibt es evtl., deretwegen Sie Ihre derzeitige Lebenssituation nicht anerkennen, nicht annehmen können?

b) Warum ist diese Annahme so wichtig?

c) Wenn Sie auch schon Wunschbildern nachgelaufen sind und später gegrübelt haben, warum Sie diese nicht erreichen, was wollen Sie daraus für die Gegenwart und die Zukunft lernen?

d) In welchem Lebensbereich brauchen Sie Mut, gewisse Dinge zu ändern?

e) Und in welchen Situationen die Gelassenheit, das Unabänderliche zu ertragen?

3.2 Vielleicht haben Sie bisher auf das geschaut, was Sie nicht haben. Versuchen Sie nun, das in den Blick zu bekommen und aufzuzählen, was Sie *haben* und wofür Sie dankbar sein wollen.

3.3 a) Denken Sie an den Menschen, den Sie insgeheim beneiden. Versuchen Sie dabei, nicht nur zu sehen, was er hat, sondern auch, was er *nicht* hat. Wollen Sie dafür beten, daß er diesen seinen Mangel annehmen und bewältigen kann?

Sie konnen hier ein solches Gebet ganz konkret formulieren:

b) Welche Gründe hindern Sie, *Ihr* Leben zu leben und auszukosten, was hineingelegt wurde?

____

____

____

____

3.4 a) Mit wem wollen Sie sich mitfreuen?

____

____

____

b) Mit wem wollen Sie die Lasten tragen?

____

____

____

____

Zum Bedenken:
Gal 6,2

4 a) Wenn das, was einem Menschen im Leben versagt geblieben ist, »Wunden und Schmerzen« bereitet, wie sind Sie bisher damit umgegangen?

____

____

____

____

____

b) Was können Sie tun, um diese »Wunden« anzunehmen und die »Schmerzen« auszuhalten; sie zu tragen, um daran zu reifen?

c) Vielleicht möchten Sie uns hier davon berichten, wie Sie durch das Annehmen eines unerfüllten Wunsches, eines Verzichtes, eines Schmerzes eigene Lebenserfüllung gefunden haben?

Persönliche Überlegungen

Abschlußfrage:

Welche neuen Einsichten hat Ihnen dieses Kapitel vermittelt?

Weitere Bücher des Autors:

Mit Streß leben
Mein Gott, mein Gott, warum ...?
Geborgenheit
Im Alter geborgen
Vergebung – das zentrale Problem
Kleine Eheschule (Verlag Weißes Kreuz)
Konflikte bewältigen
Zitierte Kostbarkeiten
Wunderbar geborgen
»Weil mich festhält deine starke Hand« (Brendow Verlag)

Lieferbare Kassetten des Autors (ERF-Verlag):

Wohin soll ich gehen
Aber wir verzagen nicht
Fürchte dich nicht
Die Gedanken zum Herbst des Lebens
Heil werden
Herzliche Segenswünsche
Mit der Bibel beten
Paul Gerhardt – Der Psalmist der Christenheit
Wenn die Seele nicht mehr singt
Mit dem Gesangbuch beten
Krisen – Reifezeiten des Lebens (8 Kassetten)
Weg aus dem Dunkel